다른 책에서도 그랬듯이 이 책에서도, 후스토 곤잘레스는 특유의 성경적·역사적·신학적·초교파적·문화적 지혜를 탁월하게 조합하여 기독교인 개개인의 삶과 기독교 공동체 전체와 기독교의 공적 증언의 핵심에 있는 주제를 탐구한다. 학구적이지만 아주 쉬운 이 책은 기독교 이전 시대부터 오늘날에 이르기까지 '안식일' 준수에서 일어난 변형과 변화와 논란을 추적하면서, '주의 날'에 드리는 공동 예배가 예나 지금이나 시종일관 많은 이들에게 힘을 북돋아 주는 이유를 설명해 준다.

—마크 놀Mark Noll, 《그리스도와 지성Jesus Christ and the Life of the Mind》 저자

《일요일의 역사》에서 후스토 L. 곤잘레스는 역사에 대한 인상적인 지식과 더불어 자료를 능숙하게 다루는 솜씨를 보여 준다. 곤잘레스는 21세기 기독교의 일요일 준수는 실제로 콘스탄티누스 이전, 즉 기독교가 특별한 권리를 누리는 신앙이 아니던 때의 모델로 되돌아가는 데서 유익을 얻을 수 있다는 도발적인 결론을 내린다. 매우 유익하며, 정보가 풍부하고, 생생한 책이다.

—랜달 발머Randall Balmer, 다트머스대학교 교수

후스토 L. 곤잘레스는 뛰어난 역사학자의 폭넓은 지식과 기품 있는 작가의 역량으로 길고도 복잡다단한 일요일의 역사를 분명하고도 이해하기 쉽게 자세히 고찰한다. 곤잘레스는 우리가 어떻게 해서 지금 하고 있는 행위들을 하게 되었는지 더 깊이 이해하게 해 줄 뿐 아니라, 개신교와 가톨릭이 둘 다 고대 일요일의 의미, 즉 일요일이 그리스도의 부활을 기념하고 다가오는 새 창조를 간절하고도 적극적으로 기대하는 날임을 재발견하게 되는 교회의 미래를 비전으로 제시한다.

―킴벌리 브래큰 롱Kimberly Bracken Long, 컬럼비아신학교 교수

일요일의 역사

A Brief History of Sunday
by Justo L. González

ⓒ 2017 by Justo L. González
Originally published in English under the title,
A Brief History of Sunday by Justo L. González.
Published by Wm. B. Eerdmans Publishing Co.,
2140 Oak Industrial Drive NE, Grand Rapids, Michigan 49505, U.S.A.
All rights reserved.

Translated and used by arrangement of Wm. B. Eerdmans Publishing Co., through rMaeng2, Seoul, Korea.
This Korean copyright ⓒ 2019 by Viator, Paju-si, Gyeonggi-do, Republic of Korea.

이 한국어판의 저작권은 알맹2 에이전시를 통하여 Wm. B. Eerdmans Publishing Co.와 독점 계약한 비아토르에 있습니다. 신 저작권법에 의해 한국 내에서 보호를 받는 저작물이므로 무단전재와 무단복제를 금합니다.

신약부터 새 창조까지

A Brief History of Sunday

일요일의 역사

후스토 L. 곤잘레스 지음
이여진 옮김

비아
토르

차
례

약어 — 8
서문 — 10

1. 배경: 기독교 이전 시대의 역법 — 13

제1부 콘스탄티누스 이전
2. 요일 이름 짓기 — 28
3. 모임 시간 — 45
4. 한 주 첫째 날의 의의 — 56
5. 한 주 첫째 날과 관련한 기독교의 관습 — 70

제2부 콘스탄티누스 시대부터 고대 말기까지
6. 콘스탄티누스와 황제의 새 정책 — 90
7. 기독교 예배에서 일어난 변화 — 99
8. 주일 관련 법 — 109
9. 안식일에 대한 기독교의 관점 — 116

제3부 중세 시대

10. 일요일의 새로운 경건 행위: 축제에서 장례로 — 141

11. 기도하고 노는 날 — 165

12. 일요일과 안식일에 대한 아퀴나스의 견해 — 181

제4부 종교개혁과 그 이후

13. 종교개혁 — 195

14. 영국 청교도와 안식일 — 224

15. 제칠일 안식일엄수주의 — 245

16. 청교도 안식일엄수주의의 지속 — 253

17. 세속화와 갱신 — 264

맺는 말 — 288

주註 — 290

추천 도서 — 303

찾아보기 — 306

약어

1 Apol.	Justin Martyr, *First Apology*
ANF	*The Ante-Nicene Fathers*. Edited by Alexander Roberts and James Donaldson. 1885-1887. 10 vols. Repr., Peabody, MA: Hendrickson, 1994
Apol.	Tertullian, *Apology*
ca.	circa
Dial.	Justin Martyr, *Dialogue with Trypho*
Etymol.	Isidore of Seville, *Etymologies*
Inst.	John Calvin, *Institutes of the Christian Religion*. Edited by John T. Mcneil. Translated by Ford Lewis Battels. 2vols. Library of Christian Classics 20-21. Philadelphia: Westminster, 1960
LW	*Luther's Works*. Edited by Jaraslav Pelikan and Helmut T. Lehmann. Saint Louis: Concordia; Philadelphia: Fortress, 1958-86

NPNF2	*The Nicece and Post-Nicene Fathers*, Series 2. Edited by Phillip Schaff. 1887-1894. 14 vols. Repr., Peabody, MA: Hendrickson, 1994
NRSV	New Revised Standard Version
PG	Patrologia Graeca [=*Patrologiae Cursus Completus: Series Graeca*]. Edited by Jacaues-Paul Migne. 162 vols. paris, 1857-1886
PL	Patrologia Graeca [=*Patrologiae Cursus Completus: Series Latina*]. Edited by Jacaues-Paul Migne. 217 vols. paris, 1844-1864
Shabb.	*Shabbat*

서문

친구들한테 일요일의 역사를 집필할 생각을 하고 있다는 말을 처음 꺼냈을 때, 가장 일반적인 반응은 내가 예상한 대로였다. 안식교* 교인 친구 몇 명은 안식일에 대한 책을 보내면서 그 주제를 다룬 다른 자료들을 알려 주기 시작했다. 감리교와 장로교 교인 친구들은 나를 격려하면서, 지금이야말로 축구 경기나 해변 파티 등으로 일요일이 점점 더 세속화되는 추세에 강력히 반대하는 목소리를 낼 때라고들 말했다.

아마 이 책은 안타깝게도 그러한 기대에는 실망을 안

• Seventh-day Adventist. SDA. 한국 내 정식 명칭은 제칠일안식일예수재림교.

겨 주겠지만, 그러한 기대를 뛰어넘는 책이 되기를 또한 바란다. 첫째, 이 책은 안식일의 역사에 대한 책이 아니다. 기독교인들이 어떻게 일곱째 날을 저버리게 되었는지에 대한 역사도 아니다. 이 책은 일요일의 역사, 즉 기독교인들이 일요일을 어떻게 생각해 왔으며, 일요일을 어떻게 지켰는지에 대한 역사다. 따라서 이 책에서 안식일을 다루는 경우는, 안식일과 관련된 언급이나 행동이 일요일과 관련된 언급이나 행동을 다룰 때뿐이다. 일곱째 날이 수세기 동안 대다수 기독교인들에게 계속해서 매우 중요한 의미가 있는 날이었다는 증거는 여럿 있고, 그러한 증거가 일요일이라는 주제를 다루는 경우에는 그 증거를 언급하겠지만, 그와 같은 증거를 자세히 살피는 일은 이 책의 범위를 넘어선다. 둘째, 초대교회에서 일요일과 넷째 계명을 연결하는 경우가 거의 없다는 사실과, 일요일을 '안식일'이라고 부르는 것이 비교적 최근의 현상임을 알게 되면 많은 이들이 놀랄 것이다.

그러나 그와 같은 실망 너머에는 아마도 예상치 못한 선물이 있을 것이다. 그 선물은, 초대교회 기독교인들이 일요일을 바라보고 기념하면서 누린 즐거움과 흥분을 재발견하는 것이다. 또 기쁨과 기념의 날이 안식의 날이 되고 그 다음 엄격한 금욕의 날이 된 과정을 이해하는 것이다(이 엄격함의 소멸을 한탄하는 이들도 있고 찬양하는 이들도 있다). 그러나 무엇보다도 그 선물은, 기독교에 대한 무관심 또는 적개심마저 더 커져 가는 이 21세기에, 똑같이 적대적인 환경 속에서 살아가던 시대의 교회가 일요일을 대하던 시각들이 우리 시대에도 어느 정도 도움과 영감이 될 수 있음을 발견해 가는 것이다.

하지만 이 정도로 충분하다. 이제 그 선물을 풀어 보자.

배경: 기독교 이전 시대의 역법

1

시간 측정

시간의 주기를 따르는 일은 인간 생활의 기본이다. 농부는 언제 땅을 갈고 씨를 뿌릴지, 언제 비를 기대할지 말지, 수확한 농작물로 다음 추수 때까지 얼마나 버텨야 하는지 알아야 한다. 양 치는 사람은 양털을 깎을 때가 언제인지 알아야 한다. 선원은 한 해의 특정 시기에 예상되는 바람과 날씨를 기반으로 항해 계획을 세워야 한다. 사냥꾼은 언제 보름달이 뜨는지 알아야 한다. 어업으로 먹고사는 이들은 달의 위상 변화와 더불어 밀물과 썰물의 주기도 알아야 한다. 그리고 종교 의식儀式은 추수와 날씨의 주기와 관련 지어서 적당한 시기에 열려야 한다.

이러한 다양한 예를 생각해 보면 시간의 순환적 측면이

무엇보다 중요하다는 것이 단박에 떠오른다. 물론 시간에는 직선적 측면이 있다. 과거는 결코 돌아올 수 없으며 어떠한 미래든 전례가 없을 것이기 때문이다. 그런데 일상을 살아가는 사람들에게 가장 중요한 것은 천 년 전에 일어난 일이나 다음 세기에 일어날 일이 아니라, 내일이나 다음 주, 다음 달이 어떠할지, 즉 해가 비칠지, 추울지, 비가 오지 않을지 같은 것이다.

여러 세대에 걸친 관찰을 바탕으로 얻게 된 그러한 지식은 본질상 주기적이다. 가장 기본 단계로는 새벽, 낮, 해거름, 밤, 다시 새벽으로 이어지는 주기가 있다. 다른 단계는 계절의 주기로 보통은 직접적으로 태양의 영향을 받지만, 때로는 간접적으로 나일강 범람이나 우기 따위의 영향을 받는다.

일주일의 요일들

그런데 이러한 하루와 일 년이라는 두 가지 주기로는 사회·경제 생활의 질서를 잡기에 충분하지 않다. 하루는 너무 짧고, 일 년은 너무 길다. 그래서 우리가 보통 주週와 달이라고 부르는 중간 단계 주기가 필요하다. 바스크인의 3요일 일주일에서 고대 중국인과 이집트인의 10요일 일주일을 지나, 아즈텍인의 13요일 일주일에 이르기까지 모든 문명사회는 각기 경제·사회·종교 생활을 체계화하기 위해 날을 세는 방법이 필요하다. 프랑스혁명은 '이성 숭배Cult of Reason'의 일환으로, 더 합리적이라는 10요일 일주일의 달력을 제안했지만, 전통적인 7요일 일주일이 대중의 심리에 너무나 깊이 배어 있었음이 곧바로 분명해졌다. 이것은 특히 천체가, 프랑스인들이 합리적이라 생각하던 주기 변화를 따르지 않았기 때문이다!

우리가 지금 일주일로 아는 7요일 일주일은 고대 셈족과 메소포타미아 민족에게서 유래한 것으로 보인다. 이러한 일주일은 분명 유대인의 삶에서 중심적인 역할을 했는데, 이 주제는 추후에 다시 다룰 것이다. 그러나 7요일 일주일은 메소포타미아 지역의 다른 문화나 문명은 물론이고 메소포타미아 서쪽 지역의 문화와 문명의 특징이기도 했다. 대체로 학자들은 대략 28일 주기인 음력이, 달의 네 가지 위상位相 각각에 해당하는 7요일 일주일과 연관이 있다고 본다.

적어도 기원전 6세기쯤 바빌로니아력曆은, 초승달일 때

1. 배경: 기독교 이전 시대의 역법

시작해서 28일의 음력 주기를 중심으로 역법을 체계화했고, 7번째, 14번째, 21번째, 28번째라는 특별한 날들에 따라 4'주'로 나누었다. 이 특별한 날들은 장사를 하기에 적당하지 않은 날이라고 여겼으며, 때로는 악하거나 불길하다고 여기는 식으로 신성시했다. 그런데 달이 협조를 해주지 않았다. 달의 주기가 실제로는 28일이 아니고, 그보다 조금 더 길기 때문이다. 이 문제를 바로잡으려면 어느 달에는 마지막 주가 8일이나 9일로 늘어나야 했다. 전형적인 7요일 일주일의 요일들은 지구와 가까이에 있는 7개의 천체인, 해와 달과 육안으로 볼 수 있는 다섯 행성을 나타낸다.

고대 그리스력은 뒤죽박죽이고 혼란스러운 역법으로 유명했는데, 그도 그럴 것이 도시국가마다 자체 역법이 있었고, 한 도시국가에 역법이 하나 이상인 경우도 있었기 때문이다. 이를테면 아테네에는 축제와 정치와 농사라는 삶의 특정 측면에 각기 적용하는 세 가지 역법이 있었다. 이러한 혼란은 헬레니즘 시대까지 이어졌다. 헬레니즘 시대에는 알렉산더의 정복을 통해 그리스가 메소포타미아 및 시리아와 더 긴밀하게 접촉하게 되었고, 그 지역의 좀 더 합리적인 역법이 서쪽에 있는 그리스에 전해지기 시작했다. 그 과정에서 고대 바빌로니아식 이름이 그리스어로 번역되어서 각 요일들이 태양, 달, 아레스, 헤르메스, 제우스, 아프로디테, 크로노스의 날이 되었다.

한편, 고대 로마의 경우에는 일주일이 8일이었는데, 여덟째 요일은 시장market을 위한 날로 시골에서 사람들이 도시로 농산물을 가져오는 날이었다. 이는 기원전 3세기에 법으로 정해 놓아서 시장의 날과 충돌하는 특정 활동들, 특히 선거 실시를 금지하였다. 기원전 45년에 율리우스 카이사르는 로마력을 개혁하면서, 역년*이 태양년**과 더욱 일치하도록 만들고자 했으나, 당시 로마 영토의 동쪽 끝자락에서 일반적이던 7요일 일주일은 도입하지 않았다. 그러나 헬레니즘 문화는 로마에 상당한 영향력을 미쳐서 아우구스투스 시대 무렵에는 7요일 일주일이 진전을 보기 시작했다. 이것은 한편으로는 7요일 일주일이 달의 주기와 더 잘 맞아 보이기 때문이기도 했고, 한편으로는 그즈음에 동방에서 일반적이던 일주일을 모방한 것이기도 했다. 그 결과 일주일의 각 요일이 라틴어로 번역

---

* 역년曆年이란, 역법에 따라서 정해진 1년을 가리킨다.
** 지구가 태양 주위를 한 바퀴 도는 데 걸리는 시간으로 365.25일.

1. 배경: 기독교 이전 시대의 역법

되어, 이제 태양, 달, 마르스, 메르쿠리우스, 유피테르, 비너스, 사투르누스의 날이 되었다. 그러나 8요일 일주일도 7요일 일주일과 충돌하며 경쟁하는 가운데 계속 사용되었다. 3세기 초반 무렵에는, 여전히 예전에 사용하던 8요일 일주일의 잔재가 남아 있기는 했지만, 7요일 일주일이 표준이 되었다. 콘스탄티누스가 공식적으로 8요일 일주일을 폐기하고 7요일 일주일을 도입한 서기 321년에 이르러서야 더 긴 일주일이 완전히 폐지되었다.

유대력과 안식일

히브리력의 기원에 대해서, 또 히브리력과 다른 역법들, 특히 메소포타미아력과의 관계에 대해서는 논의가 많았고 여전히 진행 중이다. 그러나 분명한 사실은, 히브리력이 중동 지역 대부분의 다른 역법처럼 숫자 7과 7의 배수를 바탕으로 한다는 것이다. 기본 단위는 일주일이며, 일주일은 일곱째 날인 안식일에 끝난다. 일곱 번의 일주일, 즉 일주일들의 한 주간이 지난 후에는 50번째 날은 특별히 기념했다. 이 때문에 역사학자들은 이러한 종류의 역법을 그리스어 '50'에서 유래한 '펜타콘타드력pentecontad calendar', 50일력이라고 일컬었다. 그러면 일 년에는 그와 같은 '50번째 날', 즉 펜타콘타드가 일곱 번 들어가서, 다 합하면 350일이 된다. 여기에, 네 번째 펜타콘타드가 지난 후에 지키는 절기 일주일, 일곱 번째 펜타콘타드가 지난 후에 또 절기 일주일, 이 마지막 일주일 직전의 하루를 합치면 365라는 수가 나온다(200+7+150+1+7=365). 일곱 번째 펜타콘타드 직후의 하루는 특별한 날로서, 첫 곡식을 베어서 하나님께 제물로 드렸다. 이 하루에 이어 첫 번째 펜타콘타드가 시작되기 직전의 일주일이 있는데, 이 일주일이 나중에 초막절로 발전한 추수 기념 절기였다. 네 번째 펜타콘타드 직후의 또 다른 특별한 일주일은, 이스라엘 자손이 이집트의 멍에에서 풀려난 일을 기념하는 유월절로 지켰다. 이 유월절을 지키는 동안에는, 다음 첫 펜타콘타드 동안 있을 추수에 대비하여, 지난해에 거둔 남은 곡식을 다 먹거나 없애 버렸다.

또 7이라는 수를 중심으로 하는 이 역법 구축 원리는 한 해 자체를 넘어선다. 일곱 번째 해마다, 즉 해들의 한 주간마다 안식년이 되고, 일곱 번의 안식년으로 해들의 펜타콘타드(50년)를 완료하는 '해들의 주간들'의 '한 주간'

이 지나면 희년이 된다.

  7이라는 수는 히브리 민족 사이에서만 특별한 의미가 있지는 않았다. 사실 가나안에서 메소포타미아에 이르는 넓은 지역 전체에서 7을 불길한 수로 여겼다. 21세기에도 그 지역에서 사는 사람들 중에 더러는 여전히 7을 불길한 수로 여겨, 그 수를 입에 올리지도 않으려 한다. 일곱째 날이 불길했기 때문에 그날에는 해를 입거나 사고를 초래할 수도 있는 모든 노동과 활동을 삼가야 했다. 그 지역 전체에 살던 고대 여러 민족들이 일곱째 날에 안식했던 이유는 종교 의례 때문이 아니라, 그날 자체가 즐거운 날이 아니었기 때문이다. 따라서 이스라엘은 주변 민족들의 역법 체계를 받아들이되 그 역법 체계의 성격을 이스라엘의 신앙에 맞추어 바꾸었고, 그 결과 원래는 완전히 암울하던 날이 기뻐하며 축하하는 날이 되었다. 이렇게 되기까지는 오랜 세월이 걸렸다. 처음에는 안식일의 쉼이 오로지 농사일에만 적용되다가 그 다음에 다른 모든 일에까지 확대되었기 때문인 듯하다. 지금은 안락과 여가의 날인 일곱째 날을 즐거운 날로도 여긴다. 더 나아가 일곱째 날은 사람뿐 아니라 사람에게 딸린 모든 것, 즉 종과 나그네, 동물과 밭도 안식하는 시간이 되어야 했다.

유대 전통에서는 안식일이 상당히 의미가 있었기 때문에, 한 주의 나머지 날들은 안식일을 중심으로 안식일 후 첫째 날, 안식일 후 둘째 날 등으로 따졌다. 또 안식일이 그렇게 중요했기 때문에 안식일이라는 단어 자체를 안식일에서 다음 안식일까지 기간과 동의어로 사용하기까지 했다. 그러한 예를 누가복음 18장 12절에서 볼 수 있는데, 이 구절에서 "이레에 두 번씩twice a week"이라고 정확하게 옮겨놓은 구절을 직역하면 "안식일에 두 번씩twice a Sabbath"이다.

안식일이 늘 종교적인 의미를 지니고 있고 하나님의 계명을 근거로 하기는 했지만, 특별하게 의례적인 예배, 즉 보통 성전에서 드리며, 그래서 예루살렘 근처에 살지 않는 사람들은 자주 접하지 못하던 그런 예배를 드리는 날은 아니었다. 그리고 이후 예루살렘이 무너지고, 바벨론 유수가 일어나고, 유대인들이 로마와 페르시아 제국 곳곳으로 지속적으로 흩어지면서 성전 예배가 불가능해짐으로써, 더 지역적 차원에서 의례적으로 여호와를 예배하는 모임이 중요해졌다. 안식의 날은 하나님의 언약을 기억하기 위한 날이었지만, 그와 같은 의례적 모임에도 가장 어울리는 날이었다. 이러한 이유로 회당이 늘어나게 되었다.

유대인들은 안식일에 회당에 모여 예배하고 성경을 읽고 공부하고자 했지만, 회당이 성전은 아니었으므로 제사는 드리지 않았다. 바벨론 유수에서 돌아오고 성전을 재건한 후에도 회당은 성전에 필적하는 기관으로서 먼 지역뿐 아니라 유대 지방 자체에도 계속 존재했다. 이러한 사실은, 복음서와 사도행전에서 볼 수 있다. 큰 절기는 성전에서 지켰고, 성전에서만 희생 제사를 드렸다. 넓은 지역에 걸쳐 흩어져 살던 유대인들은 회당에서는 안식일을 준수하고 예배를 드릴 수 있었지만, 성전 자체에서는 그렇게 할 수 없었다. 그래서 예수 시대 무렵에는 안식일이 안식의 날은 물론이고 가장 중요한 예배의 날이 되었으며, 서기 70년에 성전이 파괴되었을 때에도 회당과 안식일 준수 덕분에 유대교는 계속 이어지고 더 번성할 수 있었다.

안식일의 역사적 기원을 감안할 때 이스라엘 역사 내내 기쁨의 날인 안식일과, 자유가 아니라 짐이 될 정도로 엄격하게 지켜야 하는 날인 안식일 사이에 긴장이 있었다는 사실은 전혀 놀랍지 않다. 모든 종교 전통에서 흔히 그러하듯이, 안식일에 대해서도 법으로 세세하게 정하고 율법적으로 해석하려는 경향이 두드러지게 나타났다. 그래서 미쉬나(*Shabb.* 7.2)에는 쟁기질, 추수, 바느질, 심지어 매듭 묶기를 비롯하여 39가지 금지 활동 목록이 실려 있다. 그러나 그것으로는 충분하지 않았다. 그 다음에는 무엇은 매듭이고 무엇은 매듭이 아닌지에 대한 판단이 필요했다. 그래서 어떤 이들은 한 손으로 묶은 것은 매듭이 아니라는 결론을 내리기에 이르렀다. 그렇지만, 위로와 자유를 주는 안식일의 성격을 강조하면서 안식일의 금지 사항을 종교적 제약보다는 즐거움과 쉼과 관련지어야 한다는 정반대 흐름도 항상 있었다. 이 모든 사실이 예수와 여러 회당 지도자들 사이에서 되풀이되던 갈등의 배경에 있다. 이들 회당 지도자들의 법적 조치와 규정 때문에 안식일이 즐거움이라는 특성을 빼앗긴 듯 보이며, 또 안식일에서 강조하는 대로 종과 나그네, 동물과 밭, 굶주리거나 아프거나 고통 받는 이를 모두 포함하는 이웃에게 즐거움과 위로를 베풀지도 못하게 된 것으로 보인다.

제1부

콘스탄티누스 이전

흔히들 일요일을 예배하는 날로 정한 사람이 바로 콘스탄티누스라고 인정하기 때문에, 또 분명 콘스탄티누스와 그의 후계자들 덕분에 일요일 관습에서 변화가 많이 일어났기 때문에, 이 책과 같은 역사서는 콘스탄티누스 이전 기독교에 특별히 관심을 기울이는 데서 시작하는 것이 바람직하다. 콘스탄티누스 이전은 교회가 공식적으로 인정을 받지 못한 시대였으므로, 교회는 구성원들의 활동이나 의무와 가능하면 부딪히지 않도록 예배 시간을 정해야 했다. 당시는 원래 구성원 전부가 유대인이던 교회에 이방인이 점점 많아지고 있었기 때문에, 이미 신약에서도 목격되듯이 유대교의 관습 중 따를 것과 따르지 말아야 할 것을 결정해야 하는 시기이기도 했다.

이러한 상황을 감안하면, 우리가 살펴보는 역사의 첫 단락에서는 현재 토요일과 일요일이라고 불리는 날에 행한 초대 기독교의 관습이라는 뻔한 문제에 관심이 갈 것이다. 당시에는 현재의 토요일을 안식일로, 일요일을 안식일 후 첫째 날이나 그 주의 첫째 날이라고 불렀을 것이다. 그러나 이 책은 일요일 즉 일주일의 첫째 날의 역사이기 때문에, 그날에 부여한 상징은 물론이고 초대 기독교에서 그날 행한 관습도 다뤄야 한다.

그러므로 이 첫 단락의 주요 질문은 이것이다. 언제부터 기독교인들이 일주일의 첫째 날에 모여서 예배를 드리기 시작했는가? 그날 기독교인들은 무엇을 했는가? 기독교인들은 그날의 의미를 어떻게 이해했는가?

요일 이름 짓기

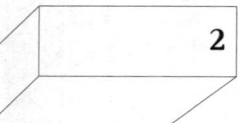

___ 일주일의 첫째 날

초창기 예수의 제자들뿐 아니라 몇 세대 동안 기독교인 대부분은 유대인이었다. 그래서 이들은 안식일을 기준으로 '안식일로부터 첫째 날' 등으로 요일 이름을 붙였다. 신약 저자들도 오늘날 우리가 '일요일'이라고 부르는 날을 언급할 때 실제로는 '안식일로부터[혹은 안식일의] 첫째 날'이라고 말했다. 대부분의 영어 역본과 마찬가지로 NRSV도 이 날을 제대로 "그 주의 첫째 날the first day of the week"로 번역한다. 이 용어는 마태복음 28장 1절, 즉 여인들이 "그 주의 첫째 날"*, 즉 미안 사바톤 *mian sabbatōn*의 새

---

* 개역개정은 "안식 후 첫날"로 되어 있다.

벽에 무덤에 갔다고 말하는 장면에 나온다. 그리스어 표현은 살짝 다르지만, '그 주의 첫째 날'이라는 동일한 표현이 마가복음 16장 2절, 누가복음 24장 1절, 요한복음 20장 1절(미아 톤 사바톤 *mia tōn sabbatōn*), 요한복음 20장 19절 (미아 사바톤 *mia sabbatōn*), 마가복음 16장 9절(프로테 사바투 *prōtē sabbatou*)에 나온다. 모두 예수의 부활과 부활 후 제자들에게 처음 나타나신 일을 언급한다.

위의 모든 구절이 예수의 부활을 언급하는 내용인 데 반해, 신약에는 동일한 용어가 기독교인의 생활과 예배와 관련하여 나오는 부분이 두 군데 있다. 하나는 사도행전 20장 7절로, 개역개정에는 "그 주간의 첫날(미아 톤 사바톤)에 우리가 빵을 떼려 하여 모였더니"라고 되어 있다. 다른 하나는 바울이 신자들에게 "매주 첫날에(미안 사바투 *mian sabbatou*) 너희 각 사람이 수입에 따라 모아 두어서"라고 가르치는 고린도전서 16장 2절이다.

이 용어는 교회에서 이방인이 많아지면서 점차 잘못 사용되는 경향이 있었지만, 한동안은 계속 사용되었다. 2세기에 순교자 유스티누스는 유대인 트리포와의 대화에서 예수께서 "그 주 첫째 날(미아 톤 사바톤 헤메라 *mia tōn sabbatōn hēmera*)에 다시 사심으로 허물과 악에서 벗어나는 할례를 우리에게 행하셨다"고 선언한다(《트리포와의 대화 *Dialogue with Trypho*》 41.4).[1] 그리스어권과 라틴어권 교회에서는 얼마 지나지 않아 다른 용어를 사용하기 시작했다는 사실을 앞으로 살펴보겠지만, 시리아어권 교회에서는 이러한 고대 용어를 계속 사용하였다.

주의 날

'주의 날the Lord's day'이라는 이름은 현존하는 기독교 문헌 중에서 요한계시록 1장 10절에 가장 먼저 등장한다. "주의 날(엔 테 키리아케 헤메라 *en tē kyriakē hēmera*)에 내가 성령에 감동되어 내 뒤에서 나는…큰 음성을 들으니." '주의 날'은 히브리 성경에 반복해서 나오는 주제로, 주께서 장차 악인들을 대적하여 의인들을 위해 행동을 취하실 때를 가리킨다. 따라서 '주의 날'에는 종말론적 뉘앙스가 담겨 있다. 신약 성경의 모든 저자 중에서 가장 유대 문화와 문학에 심취해 있다고 할 만한 요한계시록의 저자가 '주의 날'이라는 구절을 사용하여 자신의 인생에서 특정한 어느 하루를 언급하는 듯이 보인다는 사실이 흥미롭다. 대체로 학자들은 '주의 날'이 교회가 예수의 부활을 기념하기 위해 모여서 예배하던 날을 가리킨다는 데 동의한다.

그 당시 '주의(of the Lord, 키리아코스*kyriakos*)'라는 형용사의 의미는 일반적으로 로마 제국 그리스어권 지역에서 황제의 소유를 언급할 때 사용했다. (바울이 고린도전서 11장 20절에서 주의 만찬을 언급할 때도 이 형용사를 사용한다.) 그러므로 이 특별한 날을 '주의' 날로 지칭하는 데는 두 가지 방향에서 중요한 의미가 있다. 첫째, 그날의 소유주이신 예수님이 참으로 주±시라는 의미다. 여기에는 명백히 정치적 뉘앙스가 담겨 있다. 요한이 이 글을 쓸 당시의 황제인 도미티아누스가 전례 없는 권력을 발휘하여 자신에게 '주', 즉 키리오스*kyrios*라는 경칭을 붙이라고 요구했기 때문이다. 둘째, '주의 날'에는 신학적 함의가 있다. 이 특별한 날에 기념하는 행사에는 종말론적 의미가 담겨 있기 때문이다. 이 주제는 나중에 일요일을 '여덟째 날'로 다룰 때 살펴보겠다.

요한이 환상을 본 '주의 날'이 그 주의 첫째 날이었음을 의심할 근거는 거의 없지만, 요한계시록에서는 명쾌하게 말하지 않는다. '열두 사도의 교훈'이라고도 하는 디다케는 출처를 알 수 없지만 아마도 요한계시록보다도 이른 서기 70년대 초의 문서일 텐데, 거기에 나오는 어느 설명의 특이한 어법을 보면 그 무렵 적어도 몇몇 집단에서는 '주의 날'이 일주일의 특별한 어느 하루를 지칭하는 표준 방식이 된 듯하다. 그 설명 자체는 다음과 같이 번역할 수 있다. "주의 날마다 모여서 떡을 떼고 감사하라"(디다케 14.1). 여기서 '주의 날'로 옮긴 그리스어는 사실상 "주의 주의 날(the Lord's day of the Lord, 키리아켄 데 키리우 *kyriakēn de kyriou*)"이다. 이러한 반복을 설명하는 가장 좋은 방법은, 처음 나오는 '주의'는 주님(키리오스)을 지칭하는 것으로, 두 번째 '주의'는 그 즈음에 '주의 것(키리아카 *kyriaka*)'으로 불리던 일주일의 특정한 하루를 지칭하는 표준 방식으로 받아들이는 것이다. 2세기 초반에 안디옥의 이그나티오스는 마그네시아 교회에 쓰는 편지에서 '유대주의자들 *Judaizers*'을 반박하는데, 전체 의미가 분명하지 않은 어느 구절에서, 구약 선지자들이 안식일을 지킨 것이 아니라(직역하면 안식일화 *Sabbathize*한 것이 아니라), 주의 날(키리아카)을 따라서 살았다고 주장한다(《마그네시아서 *Epistle to the Magnesians*》 9.1).

주의 날(키리아카)이 일주일의 첫째 날임을 분명하게 명시하는 글은, 2세기 중반으로 추정되는 외경복음서 베드로복음의 현존 파편에 나온다. 이 문서는 이렇게 말한다. "주의 날(헤 키리아케 *hē kyriakē*) 전날 밤 내내, 병사들이 나란히 서서 [무덤을] 지키고 있는 동안에, 하늘에서 큰 음성이 있었다." 거의 동시대에 '주의 날'을 이렇게 언급하는 다른 경우들도 있다. 베드로복음이 기록된 지 이삼십 년이 지나서 사르디스의 멜리투스가 《주의 날에 대하여 On the Lord's Day》(페리 키리아케스 로고스 peri kyriakēs logos)라는 완벽한 논문을 저술했는데, 안타깝게도 이 논문은 유실되어서 현존하지 않는다.

이때부터 그리스어권 교회에서는 키리아카(주의 날)라는 용어를 일주일의 첫째 날 이름으로 사용했다.

한편 얼마 지나지 않아 라틴어권 교회에서는 현재 일요일이라고 부르는 날을 주의 날, 즉 도미누스 Dominus의 날로 지칭하는 관습을 택했다. 이 때문에 이날의 이름이 라틴어권 교회에서는 도미니카 dominica와 도미니쿠스 dominicus다. 이 표현들 중 하나가 사용된 현존 가장 초기 작품은 테르툴리아누스의 논문인 《우상숭배에 대하여 On Idolatry》다. 테르툴리아누스는 한편으로는 유대인을, 다른 한편으로는 이방인들을 논박하면서 유대인의 안식일과 이방인의 종교 행사를 모두 거부하고, 유대인과 이방인이 거부하는 기독교의 두 기념일인 주일과 오순절 non Dominicum diem, non pentecosten을 언급한다(《우상숭배에 대하여》14). 또 그는 《금식에 대하여$^{On\ Fasting}$》이라는 논문에서도 도미니키스^{dominicis}는 금식 기간에도 예외라고 말한다 《금식에 대하여》 15). 그러나 반드시 지적해야 할 사항은, 테르툴리아누스가 언급한 도미니쿠스 중 일부는 주의 만찬 즉 성찬식을 가리킨다고 해석할 수도 있다는 것이다. 또 테르툴리아누스에게 지대한 영향을 받은 키프리아누스도 도미니쿠스를 성찬이라는 의미로 사용한다.

어떤 경우든, 라틴어권 기독교인들은 일주일의 첫째 날을 주의 날로, 즉 도미니카 디에스$^{dominica\ dies}$, 아니면 간단히 도미니쿠스^{dominicus}나 도미니카^{dominica}로 지칭하는 그리스어의 용법을 곧바로 채택했다.

태양의 날

앞에서 살펴보았듯이 기독교가 출현할 무렵 그리스인들은 7요일 일주일을 채택하여, 천체의 이름을 따서 각 요일을 명명했다. 그리고 로마인들이 그 방식을 따라 하기 시작했다. 당시에 가장 첫 번째 날이자 가장 중요한 날은 크로노스, 즉 사투르누스의 날이었고, 그 다음 태양, 달, 마르스, 메르쿠리우스, 유피테르, 비너스에게 바친 날들이 그 뒤를 이었다. 그러나 태양의 날을 점점 더 중요하게 여기는 경향도 있었는데, 이것은 한편으로는 태양이라는 천체의 엄청난 광채 때문이었고, 다른 한편으로는 정치 거물들이 정복되지 않는 태양, 솔 인빅투스*Sol invictus*를 숭배했기 때문이다. 2세기에서 3세기로 넘어가던 시기에 통치한 셉티무스 세베루스 황제는 태양을 향해 특별한 경의를 표했다. 그 후 얼마 지나지 않아서 아우렐리아누스가 엄숙한 태양 숭배를 로마 종교 관례의 중심으로 확정했다. 3세기 말 무렵 콘스탄티누스의 아버지 콘스탄티우스 클로루스는 솔 인빅투스의 열성 신도로서, 솔 인빅투스 숭배를 일종의 태양 일신교로 승격시키기까지 했다. 콘스탄티누스는 자신의 종교를 명확하게 밝히지 않았지만, 적어도 어릴 때에는 아버지와 비슷하게 태양 일신교를 신봉한 듯하고, 그 후에 태양 일신교와 기독교를 결합했다. 콘스탄티누스는 죽기 전 침상에서 세례를 받을 때까지 솔 인빅투스를 비난하지는 않았지만, 기독교가 계속 우위를 점하고 있었다. 이와 같은 발전은 이미 2세기에 뚜렷하게 보이던 경향, 즉 일주일이 이제는 사투르누스의 날이 아니라 오히려 태양의 날에 시작된다고 생각하던 경향과 맥을 같

2. 요일 이름 짓기

이 한다.

기독교인들은 태양 숭배를 거부했지만, 이따금 자신들이 예배하는 특별한 날을 기꺼이 태양의 날이라고 지칭했다. 이렇게 한 이유는 그리스·로마 세계에서는 대체로 일주일이 사투르누스의 날(우리가 토요일이라고 부르는 날)에 시작되었기 때문이다. 이러한 상황을 볼 때 유대인이 아니거나 적어도 유대교에 익숙하지 않은 사람들 대부분은 '일주일의 첫째 날'이라고 하면 사투르누스의 날로, 다시 말해 기독교인과 유대인들이 일주일의 일곱째 날이라고 생각하는 날로 이해했을 것이다. 그래서 유스티누스는 《제1변증 First Apology》에서 이방인 독자들에게 자기가 '태양의 날'이라는 이름을 사용할 용의가 있지만, 동시에 그 이름과 거리를 두려 한다는 것을 보여 주었다. 유스티누스는 독자들에게 기독교인이 "**통속적으로** 태양의 날이라고 일컫는 날에" 모였다고 말하고서는 계속 이어서 예수님이 "사투르누스의 날 전날" 십자가에 달리셨고, 제자들에게 "사투르누스의 날 이튿날, 즉 태양의 날"에 나타나셨다고 말한다(《제1변증》 67). (여기에서 사투르누스의 날이 여전히 중시되고 있음을 기억해 두자. 유스티누스가 금요일을 비너스의 날이라고 하지 않고 사투르누스의 날 전날로 언급하기 때문이다.)

이 어휘의 사용은 유스티누스가 자신이 말하는 바를 이교도 독자가 이해하도록 일종의 양보를 한 것이 분명하다. 그의 다른 논문인《트리포와의 대화》에서는 트리포가 유대인이므로 우리가 현재 일요일이라고 부르는 날을 "통속적으로 태양의 날이라고 일컫는 날"이 아니라 좀 더 유대교 전통을 따르는 방식으로 "그 주의 첫째 날"이라고 일컫는다는 사실을 볼 때 그러하다(《트리포와의 대화》 41.4).

유스티누스는 그리스어로 저술 활동을 했지만, 40년 후 테르툴리아누스는 라틴어로 저술 활동을 하면서 동일한 방침을 사용한다. 테르툴리아누스는《변증*Apology*》에서 기독교에 대해 사람들이 흔히 하는 오해를 나열하고 나서 그 오해를 반박하거나 그냥 부인한다. 그 중 가장 마지막에 언급한 오해이자 테르툴리아누스를 가장 근심시킨 오해는, 기독교인들이 태양을 숭배한다고 생각하는 듯한 사람들이 있다는 것이다. 테르툴리아누스는 그러한 생각의 출처를 다음과 같이 설명한다. "알려져 있는 대로, 우리가 기도할 때 동쪽으로 몸을 돌리는 습관을 보고 이렇게 이해한 것이 분명하다.…또 우리는 태양의 날(디에스 솔리스*dies solis*)에 매우 기뻐하기도 한다. 그러나 태양 숭배와는 완전히 다른 이유로 기뻐하는 것이다"(《변증》 16; 또한 《열방에게*To* *the Nations*》 13도 보라). 그러나 의미심장하게도 유스티누스의 경우처럼 테르툴리아누스도 태양의 날이라는 이름은 이교도로 예상되는 독자에게 말할 때만 사용하며, 다른 저술에서는 보통 일요일을 주의 날이라고 언급한다.

결국, 특히 콘스탄티누스와 그 가문의 영향으로 기독교인이 일주일의 첫째 날을 '태양의 날'이라고 지칭하는 경우가 훨씬 흔해졌다. 그러나 이 내용은 다른 장^章에서 전개시켜 보자.

다른 날들 이름 짓기

앞에서 살펴본 바와 같이, 천체와 해당 천체와 대응하는 신의 이름을 따서 요일 이름을 짓는 일은 바빌론 시대로 거슬러 올라가며 그 다음에는 그리스와 로마를 거쳤다. 로마 제국이 기독교화되자 교회 지도자들은 요일 이름에서 이교도와의 연관성을 제거하려는 시도를 많이 했다. 동쪽 그리스어권에서는 그러한 시도가 성공하여, 현대 그리스어에서는 단순히 주일에 이어지는 순서에 따라 듀테라(*deutera*, 둘째), 트리테(*tritē*, 셋째), 테트라테(*tetratē*, 넷째) 등으로 요일 이름을 지었다. 그러나 일곱째 날은 여전히 본래 유대식 이름인 안식일, 사바토*sabbato*를 그대로 유지했다.

이러한 노력이 서쪽 라틴어권이나 게르만어권에서는 그다지 크게 성공하지 못했다. 가장 눈에 띄는 예외는 포르투갈어다. 6세기에 두미오의 마르틴(혹은 브라가의 마르틴, 528-530년경)은 현재 포르투갈에 해당하는 지역에서, 요일 이름에 이교도의 이름을 사용하는 것을 반대하는 글을 쓰면서, 유대 달력처럼 요일 이름에 번호를 붙이자고 제안했다. 폴리미우스라는 이름의 주교에게 쓴 편지인 《교육받지 못한 이들을 바로잡아 주는 것에 대해서*On Correcting the Uneducated*》에서 마르틴은 이렇게 말한다. "그러므로 세례를 받고 그리스도를 믿은 사람이 주의 날[도미니쿰 *dominicum*]에 대해 고민하지 않고 요일들을 유피테르, 메르쿠리우스, 비너스, 사투르누스의 이름을 따서 부르는 것은 아주 어리석은 행동입니다. 이들은 각자의 지역에서 간음자요 마법사요 악이기 때문에 이들에게 속한 날은 하나도 없습니다. 그런데 이미 말씀드렸듯이 어리석은 자들은 바로 이러한 이름들을 사용하여 악마들에게 존경과 경의를 보입니다"(《교육받지 못한 이들을 바로잡아 주는 것에 대해서》9).

그 결과로, 포르투갈어에서는 첫째 날은 주의 이름을

따라서 도밍고*domingo*로, 일곱째 날은 안식일을 따라서 사바두*sábado*로 짓고, 나머지 날은 단순히 서수로 이름을 붙여서 세군다 페이라(*segunda-feira*, 제2요일), 테르사 페이라(*terça-feira*, 제3요일), 쿠아르타 페이라(*quarta-feira*, 제4요일), 킨타 페이라(*quinta-feira*, 제5요일), 세스타 페이라(*sexta-feira*, 제6요일)로 부른다. (마르틴은 각 행성의 이름도 바꾸자고 제안했으나, 그 부분에서는 그다지 성공을 거두지 못했다.)

이외에 다른 로망어들에서는 교회가 한 주의 첫째 날과 마지막 날에 대해서만 성공을 거두었다[이탈리아에는 금요일을 세스타 페이라(제6요일)라고 부르는 6세기의 비문碑文이 적어도 하나가 있기는 하다]. 따라서 현대 로망어에서 사용하는 도밍고*domingo*, 디망쉬*dimanche*, 도미니카 *dominica*와 같은 단어들은 이에 대응하는 라틴어 도미니카 *dominica*에서 파생되었다. 그리고 일주일의 마지막 날 이름은 유대교의 안식일Sabbath에서 파생된 사바도*sábado*, 삼디 *samedi*[2], 사바토*sabato*다(현대 그리스어에서 일주일의 첫째 날을 키리아케, 즉 주의 날로 부르고 마지막 날을 사바토라고 부르듯이 말이다).

로마 제국 영역 바깥인 라인강 동쪽과 다뉴브강 북쪽에 살던 게르만 민족은 이웃 로마인에게서 7요일 일주일을 받아들였다. 이 일이 정확히 언제, 어떠한 과정을 거쳐서 일어났는지 밝히기는 불가능하다. 그러나 게르만어파에서 일주일의 각 요일에 붙인 이름으로 미루어 볼 때 그 일은 로마 제국에서 기독교가 힘을 얻기 전에 일어난 듯하다. 그래서 로망어에서는 한 주의 첫째 날이 주님께 속한 날이지만, 게르만어파에서는 선데이*Sunday*, 존탁*Sonntag*, 존다흐*zondag*, 쇤닥*søndag*처럼 여전히 태양의 날이다. 또 마지막 날도 여전히 사투르누스에게 속한 날로, 새터데이*Saturday*, 잠스탁*Samstag*, 자터다흐*Zaterdag*다. (가장 두드러지는 예외는 북부 독일어에서 토요일이 존아벤트*Sonnabend*, 즉 태양의 날 전날이라는 것, 그리고 덴마크와 그 외 스칸디나비아어파에서 '빨래하는 날 washday'이라는 의미인 뢰어닥*lørdag*이라는 것이다.)

요약하자면, 대체로 현대 북유럽 언어에서는 태양의 날(일요일)뿐 아니라 일주일의 모든 요일에 이교의 어근이 담겨 있어서 월요일은 먼데이(Monday, 달의 날), 화요일은 투즈데이(Tuesday, 티우의 날), 수요일은 웬즈데이(Wednesday, 오딘의 날), 목요일은 써즈데이(Thursday, 토르의 날), 금요일은 프라이데이(Friday, 프리그의 날), 토요일은 새터데이(Saturday, 사투르누스의 날)다.* 로망어 대부분에서는 일주일의 일곱째 날이 유대교의 안식일을 나타내는 사바도, 사바토, 삼디지만, 나머지 다섯 요일은 고대 이교와 관련되어 있어서 월요일은 루네스(*lunes*, 달의 날), 화요일은 마르떼스(*martes*, 마르스의 날), 수요일은 미에르꼴레스(*miércoles*, 메르쿠리우스의 날), 목요일은 후에베스(*jueves*, 유피테르의 날), 금요일은 비에르네스(*viernes*, 비너스의 날)다.** 포르투갈어와 그리스어에서는 교회의 어법이 지배적이어서 한 주의 첫째 날은 주의 날로, 그 다음 둘째 날부터 여섯째 날은 서수로(둘째 날, 셋째 날 등) 명명하고, 마지막 날은 안식일이라는 명칭을 유지하고 있다.

이렇게 이교의 이름을 유지하는 일에 대한 기독교의 반대는 시간이 흐르면서 시들해졌다. 7세기 초 인물인 세비야의 이시도루스가 쓴 아래의 글을 보면, 요일 이름이 이교에서 기원했다는 인식이 여전히 있었으며, 적어도 교회 지도자 몇몇은 그와 같은 이름의 사용을 한탄하면서 다른 이름들, 아마도 브라가의 마르틴이 제안한 것과 같은 서

- 티우(Tiw 또는 Tiu)는 북유럽 신화에서 전쟁의 신인 티르Tyr에 해당하는 신이고, 오딘(Wodin 또는 Odin)은 북유럽 신화의 주신主神이며, 토르Thor은 북유럽 신화에서 천둥과 번개의 신이고 또 번개가 치면 비가 내리기 때문에 농사를 도와주는 농민의 신으로 알려진 신이다. 프리그Frigg 또는 프리야frija는 북유럽 신화에서 오딘의 아내로 여신 중에서 가장 지위가 높은 신이다.
-- 마르스Mars는 로마 신화에서 전쟁과 파괴의 신이고, 메르쿠리우스Mercury는 상업의 신, 유피테르Jove는 주신主神으로 그리스 신화의 제우스에 해당하며, 비너스Venus는 사랑과 미와 풍요의 여신이다.

수를 사용했음을 알 수 있다. 그러나 이 글에는 이시도루스가 그러한 싸움은 가망이 없다고, 혹은 적어도 할 만한 싸움은 아니라고 생각하고 있음도 넌지시 드러난다. 이시도루스는 당대의 지식을 정리하려 한 기념비적인 저작 《어원학*Etymologies*》에서 이렇게 말한다.

> '날들[디에스*dies*]'이라는 단어의 어원은 '신神들[디이스*diis*]'이며, 로마인들은 몇몇 천체에 이 신들의 이름을 부여했다. 이들은 첫째 날은, 모든 천체 중 으뜸인 태양의 이름을 따서 지었다.…둘째 날은 달에서 그 이름을 따 왔다.…셋째 날은 마르스에게서…넷째 날은 메르쿠리우스에게서…다섯째 날은 유피테르에게서…여섯째 날은 비너스에게서…일곱째 날은 사투르누스에게서 따 왔다.…히브리인들은 첫째 날을 안식일 첫날로 부르는데, 이날이 우리가 주의 날[도미니쿠스*dominicus*]이라고 부르는 날이며, 이방인들이 태양에게 바친 날이다. 그 다음날은 안식일 둘째 날이다.…
>
> 기독교인은 교회가 말하는 대로 말하는 것이 가장 합당할 것이다. 그런데 누구든 마음에서는 거부하는 것을 입술로 말하는 식으로 관습적 용례에 휩쓸려 버린다면, 요일 이름은 인간이 붙인 것일 뿐이며, 그 다음 거기에…신적 영광

이 부여되었고, 그 이름이 별과 요일의 이름이 되었음을 기억하게 하라."《어원학》5.30).[3]

모임 시간

3

회당에서 교회로

초기 기독교인들은 자기들에게 참석이 허용되는 한, 분명 유대교 예배에 계속해서 참석했다. 우리는 베드로와 요한이 예루살렘에 있는 동안 기도를 위해 따로 정해 놓은 시간인 낮 3시에 기도하러 성전에 올라갔다고 들었다(행 3:1). 이후에 바울도 여행 중에 안식일에 회당 예배에 참석하는 습관이 있었다. 나중에 기독교인들은 회당 예배 참석을 지혜로운 선교 전략에 불과하다고 보는 경향이 있었지만, 회당 예배 참석은 그 이상의 의미가 있다. 바울은 이스라엘이 받은 약속이 예수 안에서 성취되었다는 메시지를 전했다. 그러므로 이 메시지를 우선은 이스라엘 민족에게 전해야 했지만, 그 외에도 '하나님을 경외하는 사람들Godfearers', 즉 하나님과 이스라엘의 도덕법을 믿지만 유대교로 개종할 준비는 아직 되지 않은 이방인들과, 그 약속을 유업으로 받도록 초대받은 세상 전체에도 전해야 했다. 이러한 메시지를 선포하기에 가장 적절한 장소가 바로 회당이다. 따라서 바울은 사람들을 회당에서 이끌어내어 교회로 데려가려는 의도가 아니라, 오히려 다른 유대인과 함께 예배하고 예수 안에서 하나님이 하신 일을 함께 기뻐하도록 초대하려는 의도로 회당 예배에 갔다.

그런데 사람들이 이 메시지를 항상 잘 받아들이지는 않았다. 특히 그 메시지가 하나님 백성의 유업을 받도록 이방인이 봇물같이 쏟아져 들어오는 길을 열어 주는 듯이 보였기 때문이다. 대표적인 사례가 비시디아 안디옥에서 일어난 일을 이야기하는 사도행전 13장에 나온다. 회당에 들어간 바울은 16절에서 유대인과 하나님을 경외하는 사람들로 구성된 청중에게 "이스라엘 사람들과 및 하나님을 경외하는 사람들아"라고 말하고, 다시 26절에서 "아브라함의 후손과 너희 중 하나님을 경외하는 사람들아"라고 말한다. 이는 사람들의 관심을 불러일으켜서, "그 다음 안식일에는 온 시민이 거의 다 하나님의 말씀을 듣고자 하여 모이니 유대인들이 그 무리를 보고 시기가 가득"하게 된다(44-45절). 그 결과로 바울은 유대인들에게서 돌아서고 이방인들이 기뻐한다. 그러나 이 말은 바울이 평생 회당을 등졌다는 의미가 아니다. 사도행전 나머지 부분을 보면 바울은 추방당할 때까지 각 도시에서 계속 회당 예배에 참석하기 때문이다. 그리고 바울은 생애가 거의 끝나갈 무렵 로마에 수감되어 있었을 때, 로마에 있는 유대인들에게 "이스라엘의 소망으로 말미암아 내가 이 쇠사슬에 매인 바 되었노라"(행 28:20)라고 말한다.

요컨대, 기독교인들은 (이방인으로 태어난 기독교인조차도) 허용되는 한 계속해서 스스로 유대인으로 여기고 회당 예배에 참석하거나 적어도 참석하려고 노력했다. 그러므로 초기 기독교인들이 안식일에 정말로 유대인들과 함께 예배하기 위해 모였다는 데는 의심의 여지가 없다.

떡을 떼다

그런데 기독교인에게는 떡을 떼기 위해 모이는 고유의 관습도 있었다. 사도행전 초반부에서는 부연 설명 없이 이 관습을 언급한다(행 2:42, 46). 이 구절은 기독교인들이 아주 초기에는 매일 만나서 떡을 떼려 했음을 시사한다. 한편 세 공관복음은 예수께서 유월절을 지키기 위해 제자들과 함께 모이셨을 때 나누신 만찬 관습을 이야기한다. 그러므로 기독교의 '떡을 떼는' 관습은 유대인이 이집트에서 해방된 것을 기념하던 유월절 만찬과 늘 밀접하게 연결된다. 유월절 만찬에서처럼 기독교에서 떡을 뗄 때도 포도주와 떡에 축사를 했다. 그러나 중요한 차이는 유월절 만찬은 일 년에 한 번 유월절이 시작될 때만 하지만, 기독교인은 더 자주, 보통은 일주일에 적어도 한 번은 모여서 떡을 뗐다는 것이다. 이런 의미에서 기독교인의 만찬은 유대인이 매주 기념하던 안식일 만찬과 더 유사하다. 사실 성찬식과 관련한 고대 기독교 문헌들을 보면 유월절은 물론 안식일 만찬 때 언급되는 기도가 다 나타난다.

토요일 저녁부터 일요일 아침까지

기독교인이 보통 유대인의 관습대로 안식일이 시작될 때, 즉 오늘날 우리가 금요일 저녁이라고 부르는 때에 그 식사를 하려고 모이곤 했다는 기록이 전혀 없다는 사실이 흥미롭다. 이러한 기독교 모임을 한 날로 지목되는 특정 요일은 언제나 '주의 날'이나 '일주일의 첫째 날', 이방인들을 대상으로 한 글에서는 '태양의 날'이라고 부르는 날이었다.

이런 내용이 가장 먼저 나오는 곳은 신약 성경 사도행전 20장이다. 바울이 다음날 아침에 배를 탈 준비를 하며 드로아에 있었을 때, 이러한 서술이 나온다. "그 주간의 첫날[직역하면 '안식일 후 첫날', 미아 톤 사바톤]에 우리가 떡을 떼려 하여 모였더니 바울이 이튿날 떠나고자 하여 그들에게 강론할새." 그런데 바울이 '밤중까지' 계속 말을 했고 등불이 필요했던 것으로 보아, 이 모임은 저녁에 있었다. 유대교 전통에서는, 지금처럼 자정에서 다음 자정까지가 아니라, 일몰부터 다음 일몰까지를 하루로 친다. 그러면 오늘날 우리가 토요일이라고 부르는 저녁에 우리가 지금 일요일이라고 부르는 날이 시작된다. 따라서 이는 안식일 만찬이 아니라 토요일 저녁에 열린 만찬이며, 토요일 저녁은 유대인 기독교인에게는 이미 그 주간의 첫날, 부활의 날이었다.

이 모든 것을 고려해 볼 때, 이들 초기 기독교인은 아직 회당 예배 참석이 허용되어 있을 때는 회당에서 안식일 예배에 참석하고, (이들에게는 그 다음날인) 같은 날 저녁에 떡을 떼기 위해 모인 것으로 보인다.

이렇게 하는 것이 특히 유대인들에게는 편했을 것이다. 유대인들은 여러 세대를 거치면서 안식일을 지키는 방법을 찾아왔기 때문이다. 유대인들은 바울과 아굴라가 했던 천막 제작처럼 각자 자기 일정을 조율할 수 있는 사업을 하거나, 알렉산드리아의 필로와 그 가족의 경우처럼 사회나 시장의 일상적 압력에서 자유로울 수 있을 정도로 자산을 충분히 축적했다. 그러나 점점 늘어나던 이방인 기독교인들은 훨씬 어려운 상황이었다. 그들 대부분은 노예, 가정주부, 예속 평민, 피고용인 같은 이들로서, 일주일 중 특정한 하루에 자기들에게 특별대우를 해 줄 이유가 없는 사람들에게 경제적으로 종속되어 있었다. 이들 이방인 기독교인에게는 해야 할 일이 아직 남아 있는 저녁보다는, 이른 아침 즉 동이 터서 불가피한 일상의 일과 의무가 시작되기 전에 모이는 쪽이 더 편했을 것이다.

교회에 이방인들의 수가 늘면서 다른 중요한 변화도 일어났다. 로마인은 일몰에서 다음 일몰까지가 아니라 자정에서 다음 자정까지를 하루로 쳤다. 이는 이방인 대다수에게 일곱째 날 저녁은 아직 일곱째 날이지, 그 다음 주간의 첫째 날은 아니었으리라는 뜻이다. 반면에 유대인 기독교인에게 첫째 날은 안식일 일몰과 함께 시작해서 이튿날 일몰까지였다. 앞으로 살펴보겠지만, 첫째 날에 모이는 관습이 매우 중요했기 때문에, 교회 안에서 점차 유대인의 비율이 줄고 이방인의 비율이 늘면서 떡을 떼는 관습을 안식일 후 아주 이른 아침, 보통은 동이 트기 전에 지키는 경향이 생겼다. 그러자 일 때문에 저녁에 시간을 내지 못하는 이들이 모임에 참석하기가 더 수월해졌다. 또 점점 많아지던 이방인에게는 자기들이 일주일의 첫날에 모이고 있음이 더 명확해졌을 것이다. 유대인 기독교인들 역시 떡을 떼기 위해 일주일의 첫날에 모이는 전통을 계속 유지했을 것이다. 여자들이 무덤에 갔다가 무덤이 빈 사실을 발견한 때가 바로 첫날 이른 아침이었다는 전승에 비추어 보아도 그러한 전통 유지가 매우 적절해 보였다.

이러한 변화가 언제 일어났는지 밝히기는 어렵다. 신약 성경에서 '그 주간의 첫날' 모임이 안식일 후 저녁 모임이었음을 정확히 짚어 주는 곳은 앞에서 논한 사도행전 20장 단락뿐이다. 이는 사도행전이 기록된 서기 80년경에도 여전히, 우리가 지금 토요일 밤이라고 부르는 안식일 후 저녁 모임이 관례였을 가능성이 높다는 의미다. 그러나 유스티누스가 떡을 떼기 위해 모이는 날을 '통속적으로 태양의 날이라고 일컫는 날'로 지칭하는 2세기 중반 무렵에는 보통 그 모임을 우리가 지금 일요일이라고 부르는 날 이른 아침에 했을 것이다. 일요일 전날 저녁은 '태양의 날'이 아니라 '사투르누스의 날'이라고 칭했을 것이기 때문이다.

이러한 변화는 반드시 긴장과 갈등과 함께 일어난다. 2세기 초에 안디옥의 이그나티오스는 그리스도가 오실 징조 중 하나가 "더는 안식일을 지키지 않고 주의 날에 따라 살아가는 것"이라고 주장했다(《마그네시아서》 9.1). 그리고 조금 후대에(정확한 연대를 밝히기는 불가능하다) 다른 기독교인 저술가는 자기 글을 읽는 이들에게 유대교의 "안식일과 관련된 미신"을 반드시 피하라고 경고한다(《디오그네투스서Epistle to Diognetus》 4.1). 2세기 중반에 순교자 유스티누스는 기독교인은 일주일의 첫째 날에 예배를 위해 모이며, 안식일 율법은 이스라엘 자손의 마음이 완고해서 주신 것이라고 단언한다. 이 사실을 근거로, 예수를 메시아(그리스도)로 인정하면서도 그 옛날 율법을 가능한 한 지키려고 고집하는 이들과는 어떠한 관계도 거부하는 기독교인도 더러 있다고 유스티누스는 말한다. 그러나 유스티누스 자신은 그 문제에 대해서 좀 더 너그러웠고, 그런 사람들이라고 해도 모든 이가 그와 같은 율법 아래 있다고 주장하지 않는 한 기꺼이 받아들이고 어떤 상황에서든 기꺼이 교제하고자 했다《트리포와의 대화》47).

위에서 인용한 주의 날에 대한 이그나티오스의 글은, 학자들이 원본으로 인정하는 이그나티오스 서신의 '단편판版'에 나온다. 그러나 시간이 좀 흐른 후에, 아마도 4세기에 누군가가 이 편지의 '장편판'을 만들었는데, 이 글은 무엇보다도 강력하게 반유대주의적이었다. 더 길면서 나중에 쓰인 이 장편판에서는 이렇게 말한다. "그러므로 이제는 유대교식으로 안식일을 지키지 말고, 노는 날들을 즐거워하자.…그러나 모두 율법을 묵상하고 하나님의 솜씨를 찬양하면서 특별한 방식으로 안식일을 지키게 하자.…그리고 안식일을 지킨 후에는 그리스도의 모든 친구가 주의 날을 축제로, 부활의 날로, 모든 날 중에 으뜸인 날로 지키게 하자."[1] 후대에 삽입된 이 부분을 보면 적어도 4세기 후반에는 기독교인 일부 아니면 아마도 대부분이 안식일을 지키고 그 다음날에 주의 날을 지켰다. 다시 말해, 그 주간의 첫 날에 지킨 주의 날은 안식일을 대체한 날이 아니라, 별도로 예수의 부활을 기념한 날이었다.

그때 이후로 안식일 준수에 대한 비판이 넘쳐나서, 십자가에서 예수님이 안식일을 완성하셨다거나 폐지하셨다는 주장, 그리스도의 통치가 진정한 안식일이라는 주장도 있었다. 그러나 특히 초기 기독교 문헌에는 일요일이 안식일을 대체했다는 개념이 존재하지 않는다. 이 주제를 가장 잘 다룬 이는 아마 페타우의 빅토리누스일 텐데, 빅토리누스는 일주일의 첫날과 마지막 날의 기독교 의례를 다음과 같이 설명한다.

> 하나님은 일곱째 날에 모든 일을 쉬셨으며, 그날을 복주시고 거룩하게 하셨다. 우리는 그 전날[금요일]에는 금식을 엄격히 행하며, 주의 날에는 감사하며 떡을 뗀다. 그리고 예비일[준비일로, 유대인은 이날을 안식일을 준비하는 날로 지켰으며, 기독교인은 예수님의 십자가 죽으심을 기억하는 날로 지켰다]은 우리가 유대인과 같이 안식일을 지킨다고 보지 않도록 엄격한 금식일로 삼았다. 안식일의 주인이신 예수께서 친히 그분의 선지자들을 통해 "마음에 미워하신다"고 말씀하신 안식일을 친히 자신의 육신 안에서 폐하셨다(《창조에 대하여On Creation》).[2]

이 모든 문서의 연대는 콘스탄티누스 시대 이전으로 추정된다. 다른 장^章에서 우리는 콘스탄티누스 이후 안식일에 대한 기독교의 견해를 살펴볼 것이다. 그러나 그 전에 먼저 주의 날(도미니카 *dominica*)에 실행하던 초기 기독교 관습과 관련하여 다른 여러 사항을 고찰해 보아야 한다.

한 주 첫째 날의 의의

___ 부활의 날

일주일의 첫째 날이 기독교인에게 특별히 의미가 있는 가장 분명한 이유는 바로 그날이 예수께서 부활하신 날이기 때문이다. 그날은 앞에서 언급한 빈 무덤 사건이나 예수와 막달라 마리아의 만남이 일어난 날이기도 하지만, 예수께서 엠마오로 가던 두 제자에게(눅 24:13), 또 예루살렘에서 "유대인들을 두려워하여" 문들을 걸어 잠그고 모여 있던 제자들에게 나타나신 날과도 "같은 날"이었다. 이 특별한 날에 주께서 부활하셨기 때문에 그날이 '주의 날'이 되었다. 그날은 주께서 승리하신 날이며, 그렇기 때문에 그분을 믿는 모든 이에게도 승리의 날이었다.

안식일 후 첫째 날에 '주의 날'이라는 이름을 붙이는 관습은 1세기에 시작된 듯하며, 그 관습이 그날에 있었던 예수의 부활과 관련이 있다고 보이기만 하지만, 주의 날과 부활을 처음으로 분명하게 연결한 때는 2세기다. 2세기 중반이나 그보다 약간 앞선 시기에 기록되었다고 추정되는 외경 베드로복음서에 그러한 연결이 등장한다. 정경인 사복음서를 잘 알고 있던 베드로복음서 저자는, 복음서 이야기를 여러 극적인 복선을 넣어 꾸며서 다시 들려주었다. 사복음서는 여자들이 무덤에 간 이야기를 하면서 그 일이 '그 주간의 첫날'에 일어났다고 말하는데, 베드로복음서 저자는 그 일이 '주의 날 아침에' 있었다고 말한다. 의미는 완전히 똑같지만, 그 표현은 주의 날과 그 주의 부활이 연결됨을 보여 준다.

그 시기 이후로는 그리스어 저자들이 한 주간의 첫째 날을 주의 날뿐 아니라 부활의 날로도 부르는 경우가 심심치 않게 보인다.

주의 날, 즉 도미니카^{dominica}와 예수의 부활의 연결은, 떡을 떼는 것과 유월절을 연결하는 데서도 볼 수 있다. 유월절이 되면 유대인들은, 주의 천사가 이집트인의 장자는 죽였지만 이스라엘 자손의 집은 '넘어간$^{pass\ over}$' 그날에 이스라엘 자손이 이집트의 멍에에서 해방된 일을 축하하고 기념했다. 이 기념행사에서 중심 요소는 유월절 만찬으로, 이 만찬에서는 이집트에서 탈출한 그 영광스러운 날을 기념하는 다른 여러 활동을 하면서 포도주와 떡을 축사하고 나누어 먹었다. 이제는 기독교인이 모여서 떡과 포도주를 축사하고 나누어 먹으면서, 주께서 죽은 자들 가운데서 다시 살아나셔서 죽음과 죄와 악한 자의 멍에에서 그들을 해방시켜 주신 그 영광스러운 날을 축하하고 기념한다. 이러한 연유로 기독교인들은 예수를 '우리의 유월절Passover'이라 불렀으며, 또 이스라엘 자손의 문을 그 피로 표시하기 위해 죽임 당한 어린양에게서, 자신을 따르는 이들을 구원하시기 위해 죽임 당하신 어린양 예수의 표징과 예표를 보았다. 그런데 기독교인은 적어도 일주일에 한 번, 일주일 중에 특히 복된 첫째 날, 즉 그분이 승리하신 날에 떡을 떼고 포도주를 마신다. 예수께서 수난 직전에 제정하셨지만, 결과적으로 이 만찬은 장례식 분위기거나 침울한 기념행사가 아니라 오히려 예수께서 죽으심과 부활을 통해 쟁취하신 승리를 축하하는 행사다.

이처럼 예수의 죽으심과 부활을 축으로 돌아가는 종교의례의 일주일 주기는 매우 일찍부터 발달했다. 일주일 중 넷째, 여섯째 날(수요일과 금요일)은 예수께서 당하신 배신과 고난을 기억하는 금식의 날이었다. 일곱째 날은 안식일을 지키며 가능한 한 안식하는 날이었다. 그러고 나면 첫째 날에 만물이 새롭게 된다. 예수께서 다시 사셨다!

그러나 매우 이른 시기부터 아마도 아주 초기부터, 매주 기념하는 이 중요한 사건을 해마다 특별하게 지켰을 법하다. 이것이 영어로 '이스터Easter'라고 부르는 기념일의 기원이다. 그러나 그리스어와 로망어에서는 이날을 '유월절(파스카Pascha, 파스쿠아Pascua, 파크Pâques, 파스콰Pasqua)'이나 '부활하신 주의 날(도밍고 데 레주렉시온Domingo de resurrección, 도미니카 레주르레크티오니스dominica resurrectionis)'을 뜻하는 이름으로 불렀다. 이것은 해마다 특별히 지키도록 맨 먼저 따로 정해 놓은 기념일로, 크리스마스보다 훨씬 오래 되었다.

그러나 이 기념일 날짜를 정하기가 쉽지 않았는데, 이는 어느 정도는 사복음서가 유대교의 유월절과 고난 주간 Holy Week의 사건들을 관련지을 때 의견 합의에 이르지 못했기 때문이었다. 사도 요한의 영향력이 가장 강했던 소아시아 지역에서는 통상 유대력으로 니산월 14일을 이 기념일로 지켰다. 그러자 이 관례에 대해 들은 다른 지역 사람들은, 이 관례를 따르는 이들에게 쿠아르토데키만스(Quartodecimans, 직역하면 '십사일파fourteeners')라는 별명을 붙였다. 그런데 당시 모든 유대력이 일치하지는 않았기 때문에 문제는 더 복잡해졌고, 그래서 십사일파들 사이에서도 의견이 달랐다. 한편 다른 이들은 오랫동안 주의 날에 이 중요한 부활의 날을 기념함으로써, 사실상 매주 주의 날에 부활을 기념하는 관례를 반영하고 있었다. 2세기에 시작된 이 논쟁은 때로는 원만하게, 때로는 격렬하게 오랫동안 이어졌다. 교회에서 매우 유명한 지도자들도 이 논란에 휘말려들었다. 에우세비오스는 그것을 다음과 같이 정리한다.

> 그 즈음[190년경] 상당히 심각한 논쟁이 일어났다. 아주 오래된 전통을 따르던 아시아 전역의 교회들이 구주의 유월절 축제를 그 달 14일에 지키는 것이 당연하며…14일이 무슨 요일이 되든 그렇게 지켜야 한다고 생각했기 때문이다. 그러나 아시아를 제외한 전 세계 교회들은 당시 그날을 그렇게 기념하지 않았다. 오히려 사도의 전승을 따라서 [그와 같은 기념일은]…[일주일의] 어느 요일도 아닌 우리 구주께서 부활하신 날에만 지켜야 한다고 주장했다(《교회사 Church History》 5.23.1).

사실상 에우세비오스가 이 글을 기록할 무렵에는 이러한 갈등이 수그러들었지만 사라지지는 않았다. 니케아 공의회(서기 325년)에서 콘스탄티누스는 주교들에게 의견 일치를 보라고 촉구했고, 그 결과 "다들 부활절을 지키는 시기에 동의했다"고 에우세비오스는 전한다《콘스탄티누스전기 Life of Constantine》 3,14). 그러나 니케아 공의회 60년 후 콘스탄티누스의 명령으로 건축한 교회의 봉헌식을 하러 안디옥에 모인 주교들은, 여전히 "니케아에서 열린 중요한 총회의 명령을 감히 거역하는 자는 모두,…이 가장 탁월한 결정에 반대하겠다고 한사코 고집한다면 교회에서 제명되어야 한다"고 주장해야 했다.[1]

그 다음 몇 년 동안 비슷한 명령이 거듭 공포되었다는 사실은, 여전히 모든 이의 의견이 일치하지는 않았음을 시사한다. 그러나 결국은 십사일파들이 세상을 떠났고, 바라던 만장일치가 이루어진 것으로 추정된다.[2]

일요일의 역사의 목적상 십사일파 논쟁은 중요하다. 바로 십사일파가 배척받은 주된 이유 두 가지 때문이다. 첫째로, 교회가 매주 부활을 기념하는 날(도미니카, 즉 주의 날)과 같은 날에 매년 부활절을 지키는 것이 적절해 보였고, 둘째로, 교회가 이 중요한 절기 날짜를 유대력을 기준으로 정하는 것이 적절치 않아 보였기 때문이다. 교회에 이방인이 점점 많아지고 유대인이 적어지자 안식일 준수를 고집하는 이들에 대한 비난이 있었다. 그래서 기독교의 중요한 절기의 날짜를 유대력을 기준으로 확정해서는 안 된다는 결정을 내렸다.

날짜를 어떻게 정하든, 부활절이라는 중요한 연례 절기는 기독교에서 가장 오래된 절기였으며, 이미 살펴본 것처럼 기독교인들은 이 절기를 유월절(파스카)이라고 이름 지었다. 시기를 정확히 밝히기는 불가능하지만 얼마 지나지 않아서, 보통 몇 년에 걸쳐 세례를 준비한 이들도 다른 날보다는 이날에 세례를 받고 마침내 백성의 제사장 기도와 평화의 입맞춤과 성찬으로 회중의 일원이 되고자 했다. 모든 주의 날이 예수의 부활을 기념하는 날이었지만, 일 년에 한 번인 이 중요한 부활절 절기가 신자들이 그리스도 안에서 죽고 다시 살아나기에 가장 적절한 시기로 보였던 듯하다.

창조 첫날

예수 그리스도께서 새로운 창조의 시작이라는 개념은 가장 오래된 기독교 문헌에 아주 분명하게 나온다. 이를테면 사도 바울의 유명한 격언인 "누구든지 그리스도 안에 있으면 새로운 피조물이라. 이전 것은 지나갔으니 보라 새 것이 되었도다"(고후 5:17)에서 볼 수 있듯이 말이다. 이 개념은 육신으로 오신 주께서 하신 사역을 첫 창조와 아주 자연스럽게 관련짓는다. 그래서 요한복음 도입부에는 태초에 하나님과 함께 계시던 그 말씀이, 그로 말미암아 만물이 지음 받은 그 말씀이 바로 예수 안에서 육신이 되신 말씀이라고 적혀 있다.

이 개념은 곧바로 예수의 부활로 인해 시작된 새 창조에 대한 찬양으로, 또 첫 창조에 대한 찬양으로 이어지곤 했다. 창세기 1장이 증언하는 고대의 전승에 따르면, 하나님은 만물을 엿새 동안 창조하시고 이레에 쉬셨는데, 이로써 안식일을 제정하셨다. 그러면 창조의 첫째 날이 일주일의 첫째 날이기도 하다는 뜻이 된다. 이와 같은 연결은 일찍이 2세기 중반 순교자 유스티누스에게서 분명히 나타난다. 그는 당시 이교도에게 말을 하고 있었기에 이교도의 용어를 사용하여 이렇게 말한다. "우리는 태양의 날에 이 전체 집회를 합니다. 이날이 하나님이 어둠과 물질을 움직여 세상을 만드신 첫날이기 때문입니다. 이날은 우리 구주 예수 그리스도께서 죽은 자 가운데서 다시 살아나신 날이기도 합니다. 그분은 사투르누스의 날 전날[로마인들에게는 사투르누스의 날이 일주일의 첫날이자 일주일 중 가장 중요한 날이었다]에 십자가에 달리셨으며, 사투르누스의 날 다음날인 태양의 날에 사도들과 제자들에게 나타나셨습니다"《제1변증》67.7).

주의 날을 주의 부활의 날인 동시에 그 주께서 창조를 시작하신 날로 여기는 이러한 인식은, 물질 창조는 악하며, 예수 그리스도 안에서 계시된 하나님과 동일한 하나님이 물질 창조는 하지 않으셨다고 주장하는 이들이나 영지주의자들, 마르키온Marcion에 대한 반론을 굳게 다지는 역할을 했을 것이다. 그러나 그 논지의 전개를 계속 따라가는 것은 현재 주제에서 한참 벗어나는 일일 것이다.

여덟째 날

유대인은 물론이고 기독교인도 한 주에 새로이 한 주가 이어지고, 한 해에 새로이 한 해가 이어지는 순환이 끝없이 반복된다고 믿지 않았다. 어느 날 그러한 순환이 끊기고, 새로운 시대가 동이 틀 것이다. 그날은 궁극적 안식일, 영원한 기쁨과 쉼의 날이 될 것이다. 기독교인들이 한 주의 첫째 날에 주님의 부활을 기념하고 그 첫째 날을 창조의 첫째 날과 연결한 방식을 보건대, 이내 이들은 한 주의 첫째 날이 여덟째 날이기도 하다는 사실을 지적했을 것이며, 따라서 자기들이 그날에 예수의 부활과 새 창조의 시작뿐 아니라 영원의 시작인 여덟째 날에 대한 약속 역시 기념했다는 사실도 지적했을 것이다.

유대교 문헌에는 몇몇 전례가 있을지 모르지만,[3] 이러한 연관을 뚜렷이 보여 주는 기독교 문헌 중 현존하는 가장 오래된 문헌은 바나바서Epistle of Barnabas라고 불리는 문서로, 대개는 서기 95년에서 135년 사이에 쓰였다고 보지만 저작 연대는 분명하지 않다. 바나바서의 저자는 죄 있는 인간이 안식일을 거룩하게 하라는 계명을 이행하기는 불가능하다고 확신한다. "심령이 정결하지 않은 누군가가 하나님이 거룩하게 하신 날을 거룩하게 할 수 있다고 생각한다면 큰 오산이다"(바나바서 15:6). 그러한 일은 "우리가 일단 의롭다 함을 받고 그 약속을 소유하여 그날을 거룩하게 할 수 있게 될 때"만 가능하다(바나바서 15:7). 그러므로 안식일을 거룩하게 하려던 옛 이스라엘의 태도를 하나님이 선지자들을 통해서 비난하신 말씀은 마치 이렇게 말씀하시는 듯이 이해해야 한다. "나는 오늘날 너희 안식일을 받을 수 없다. 내가 받을 수 있는 안식일은 내가 창조한 안식일일 것이다. 나는 그 안식일에 만물을 쉬게 하고 여덟째 날의 시작, 다시 말해 또 다른 세상의 시작을 창조하리라"(바나바서 15:8). 바나바라는 가명을 쓴 저자는 여기에 이렇게 덧붙인다. "우리가 여덟째 날을 즐겁게 축하해야 하는 이유는 이것이다. 이날은 예수께서 죽은 자들 가운데서 살아나신 날이며, 모든 이에게 자신을 알리신 후에 하늘로 올라가신 날이기 때문이다"(바나바서 15:9). 다시 말해, 일주일 중에 기독교인이 예수의 부활을 축하하는 첫째 날은 여덟째 날이기도 하며, 그러므로 영원한 기쁨과 쉼이 있는 마지막 날을 가리킨다.

수십 년 후 순교자 유스티누스 역시《트리포와의 대화》에서 히브리 성경에서 숫자 8이 한 주간의 여덟째 날, 예수께서 부활하신 날을 가리킨다는 일련의 예표론적 해석을 통해, 주의 날을 여덟째 날이라는 주제와 연결한다. 여덟째 날에 행하는 할례는 예수께서 여덟째 날에 부활하신 것을 가리키며(《트리포와의 대화》 24.1; 41.4), 노아 시대 홍수에서 구원받은 여덟 명도 마찬가지라고 말한다(《트리포와의 대화》 138.1).

알렉산드리아의 클레멘트가 각 요일과 철학자, 의사 등이 가진 지혜의 관계를 고찰한 아주 의미가 모호한 단락들(《잡록 Stromateis》)과, 테르툴리아누스의 글에 나오는 아주 짧은 모호한 단락(《우상숭배에 대하여》)은 차지하더라도, 이 점과 관련하여 생각해 볼 글이 있다. 다음 글은 3세기 중엽 키프리아누스가 세례와 관련하여 어느 주교의 여러 질문에 답하는 편지에 실려 있다. 이 편지에서 키프리아누스는 다시 한 번 할례와 세례와 여덟째 날의 관계에 눈을 돌린다. 그리고 이런 결론을 내린다. "유대교에서 여덟째 날에 행하는 할례 의식은 그리스도의 오심을 가리키는 잘 보이지 않는 신비였다. 안식일 후 첫째 날인 여덟째 날은 주께서 다시 사신 날이었고, 그래서 우리에게는 영적 할례의 시작이 되었다. 안식일 후 첫째 날이자 주의 날인 그 여덟째 날은 일종의 표적으로서 먼저 왔다. 실재가 제자리에 오자 표적은 그쳤고, 우리는 영적 할례를 받았다"(《서신Epistle》64.4.3).

적어도 콘스탄티누스 시대 이후에는 이러한 상징적 의미가 흔히, 우리에게 알려진 초기 여러 세례당*의 팔각 형태로 표현되었다. 이는 세례가 영원한 기쁨이 있는 여덟째 날에 입문하는 일임을 암시했다. 팔각 형태 세례당이 콘스탄티누스 시대 이전의 관행일까? 증빙 자료 부족으로 판단은 불가능하다. 고고학자들이 복원할 수 있는 가장 오래된 세례당은 3세기 후반의 두라 에우로포스Dura-Europos 세례당으로, 직사각형이고 세례 받는 사람이 무릎을 꿇고 있고 밖에서 안에 있는 사람 머리에 물을 부을 수 있었을 정도의 크기였다. 그러나 콘스탄티누스 시대 직후로는 팔각형 세례당이 상당히 많았다.

여하튼 콘스탄티누스 시대 이후로는 주의 날을 일주일의 첫째 날뿐 아니라 여덟째 날로, 따라서 종말론적 약속의 날로 언급한 경우가 아주 많다. 이를테면 아우구스티누스는 자신이 아는 인간 역사에 대한 참된 비평을 담은 기념비적 저서《하나님의 도성City of God》에서 여섯 시대를

---

* 세례식을 거행하기 위해 만들어 놓은 건물.

창조의 여섯 날에 비추어서 정리하며, 결론에서 다음과 같은 소망을 피력한다. "일곱째 시대는 우리의 안식일이 되리라. 그날에는 해가 지지 않겠고 그리스도의 부활로 거룩하게 된 주의 날, 여덟째 날, 영원한 날이 시작되리라. 그날은 영혼의 영원한 쉼은 물론이고 육신의 영원한 쉼의 원형이다. 거기서 우리는 쉬면서 보고, 보면서 사랑하고, 사랑하면서 찬양하리라. 그 끝없는 날의 진수를 보라!"(《하나님의 도성》22.30.5)

요약하자면, 보통 주일(키리아카 혹은 도미니카)이라고 부르는 일주일의 첫째 날은 구속 역사상 중요한 세 가지 사건을 기념하는 것으로 이해되었다. 그날은 무엇보다도 주께서 부활하신 날이었으며, 그렇기에 새 창조가 시작된 날이다. 그날은 바로 첫 창조의 첫째 날이기도 하며, 그렇기에 하나님의 은택이 선하심에 크게 기뻐하는 때다. 그리고 그날은 한 주의 여덟째 날이었으며, 그러므로 만물의 완성을 가리키는 소망의 날이다.

한 주 첫째 날과 관련한 기독교의 관습

금식이나 무릎 꿇기를 하지 않고 기념하기

기독교에서 일주일의 첫째 날, 아니 사실 다른 어느 날에든 공예배의 범위를 넘어서는 특별한 관습이 있었다는 증거는 거의 없다. 우리가 떠올리는 그러한 관습은 대체로 금식의 날이나 기도와 관계가 있다. 테르툴리아누스가 말했듯이 "우리는 주의 날에 금식이나 무릎 꿇기를 용납하지 않는다"(《면류관에 대하여 On the Crown》 3).

금식을 위해 별도로 정해 놓은 여러 날들의 사연은 조금 복잡하며 대체로 분명하지 않다. 십자가형이 집행된 날인 금요일 금식을 말하는 문서가 많고, 배신당하신 날인 수요일 금식을 지칭하는 문서도 거의 비슷한 분량으로 있다. 반유대주의 문서로 보이는 디다케에서는 독자들에게 이렇게 지시한다. "여러분은 외식하는 자들과 같은 시간에 금식하지 마십시오. 그들은 둘째 날과 다섯째 날[우리에게는 월요일과 목요일]에 금식합니다. 대신 여러분은 넷째 날과 예비일[우리에게는 수요일과 금요일]에 금식해야 합니다"(디다케 8.1).

금식하지 않으려는 듯 보이는 사람에게 쓴 테르툴리아누스의 《금식에 대하여》라는 논문을 포함하여 금식을 다룬 여러 문서 중에, 테르툴리아누스의 《기도에 대하여 *On Prayer*》에 있는 아주 짧은 장章 하나가 우리가 다루는 주제와 밀접한 관련이 있다. 테르툴리아누스는 그 단락에서, 떡과 포도주 때문에 금식이 중단된다는 이유로 금식 기간[1]에 성찬에 참여하지 않으려 하는 이들의 의견에 이의를 제기한다. 그리고 금식하면서 하나님과 맺은 유대가 성찬 때문에 끊어지기는커녕 오히려 성찬 덕분에 든든해진다고 응수한다. 이 부분은 성찬 참여 전 금식을 언급하는 가장 오래된 단락이라는 점에서 흥미롭다. 이 단락 자체는 명시되지 않은 어느 금식 기간에 성찬이 쟁점이 되었음을 넌지시 내비치는 듯 보인다. 그러나 테르툴리아누스가 이 날을 주의 날(도미니카)과 관련짓지 않으므로, 여기서 언급하는 날은 성찬을 기념하는 다른 날일 수도 있고,

무슨 까닭인지 금식을 명한 어느 일요일일 수도 있다. 테르툴리아누스는 그냥 말하지 않을 뿐이다.

그러나 몇 십 년이 지났을 뿐인데, 《디다스칼리아 Didascalia》 즉 《사도계율 Teachings of the Apostles》은 예수님이 이렇게 명령하신다고 서술한다. "너희는 일주일의 첫째 날에는 금식하지 않을 수 있다. 그날은 내가 부활한 날이기 때문이다"(《디다스칼리아》 13). 이 문서는 안식일 전날부터 일주일의 첫째 날 처음 몇 시간까지 금식하라고도 명한다. 그 시간은 예수께서 십자가에 달리시고 무덤에 계시던 시간이기 때문이다. 그런 다음 금식이 중단되는 기쁨의 날이 이어지며, 그때 신자들은 "먹고 축하하고, 기뻐하고 즐거워해야 한다. 그리스도께서 다시 살아나셨으며, 그분이 우리 부활의 첫 열매이시기 때문이다"(《디다스칼리아》 13).

이 문서에서 금식을 삼가는 이유는 분명 주의 날이 기쁨과 축하의 날이 되어야 하기 때문이다. 그래서 그 문서는 신자들이 우상을 찬양하는 경박하고 불경스러운 집회에 참여해서 지나치게 즐거워해서는 안 된다는 경고의 말로 시작한다(《디다스칼리아》 1).

기독교의 기도 관습에 대해서는 히폴리투스의 《사도전승 Apostolic Tradition》에 매우 귀한 글이 담겨 있다. 이 글의 기록 연대는 3세기 초로 추정되기는 하지만, 히폴리투스는 이 글에서 자기가 젊은 시절에 알았고 전통적인 것으로 받아들인 관습을 세세히 설명하고 변호하고 있다. 따라서 학자들은 이 글이 2세기 중반이나 그보다 이른 시기에 로마에서 행하던 관습을 보여 준다는 데 동의한다. 이 문서 대부분은 대체로 우리가 이 장 뒷부분에서 다시 다룰 교회의 예전禮典 관습을 다룬다. 그러나 히폴리투스는 모든 신자의 일상 기도 관습이 되어야 하는 내용도 약술한다.

> 남자든 여자든 신자는 모두 아침 일찍 잠에서 깨어 일어났을 때와 무슨 일이든 시작하기 전에, 손을 씻고 하나님께 기도하게 하라. 그러고 나서는 자기 할 일을 계속 해도 좋다.…
>
> 세 시에 집에 있다면 그때 기도하고 하나님에게 감사하고, 그 시각에 혹시 집 밖에 있게 된다면 마음으로 하나님에게 기도하라. 그리스도께서 나무에 못 박히신 시각이기 때문이다.…여섯 시에도 기도하라. 그리스도께서 십자가에 못 박히시고 나서, 장막이 찢기고 짙은 어두움이 있던 시각이기 때문이다.…그리고 아홉 시에는 열심히 기도하고 크게 감사하라.…잠자리에서 그대의 몸이 쉼을 누리기 전에

다시 기도하라.…한밤중에 일어나서 물로 손을 씻고 기도하라.…닭이 우는 새벽녘에 일어나서 다시 기도하라(《사도전승》4.35-36).[2]

여기서 히폴리투스는 주의 날을 비롯하여 매일 실행할 관습을 지시한다. 테르툴리아누스의 글을 근거로 볼 때, 주의 날에도 그리스도인은 각자 예배에 참여하여 서서 기도하는 것 외에 이 일상 기도 관습을 따른 듯하다. 기도하는 동안 무릎을 꿇지 않았다는 점만 다를 뿐이다.

주의 날이 기쁜 시간이었다는 표지 중 하나는, 일상 기도를 무릎을 꿇거나 바닥에 엎드려서 하는 관습이 있었는데 일주일의 첫째 날인 주의 날은 예외였다는 사실이다. 이러한 관습[3]에 대한 아주 오래된 증언 중 하나가 200년경에 나온다. 당시 테르툴리아누스는 한 주간의 일곱째 날인 안식일에 무릎 꿇기를 삼가려는 '몇 사람'의 관습 때문에 일어난 다툼에 대해 견해를 밝혔다. 그렇게 무릎을 꿇지 않는 관습은 일반적으로 교회가 주의 날과 오순절을 위해서 따로 정해 놓은 것이었다. 이 글은 특정한 날에 무릎을 꿇지 않는 관습에 대해 말할 뿐 아니라 주의 날에 무릎을 꿇지 않는 근거를 제시하므로 폭넓게 인용할 말하다. (이 글에서 테르툴리아누스가 평상시 태도와는 완전히 반대인 타협적인 자세를 보여 준다는 점에서도 이 글은 인용할 가치가 있다. 그러나 그것은 완전히 별개의 문제다!) 테르툴리아누스는 이렇게 말한다.

> 기도할 때 무릎을 꿇는 것에 대한 질문과 관련하여 약간의 의견 차이가 있다. 주로 안식일에 무릎을 꿇지 않으려는 몇몇 사람이 있기 때문에 생긴 차이다. 그리고 이 질문을 지금 교회에서 논의하고 있기에, 나는 반대하는 이들이 굴복하든지 아니면 적어도 다른 이들의 감정을 상하게 하지 않으면서 자기들 관습을 계속 유지하도록 주께서 은혜를 베푸시기를 기도한다. 그러나 우리는 주의 날에만 무릎을 꿇지 말아야 한다고 배웠다. 또 주의 날에는 무릎 꿇기는 물론이고 그 외에 염려나 경의를 표하는 어떠한 몸짓이나 표시도 하지 말아야 한다.…마귀가 조금도 틈을 타지 못하도록 말이다(《기도에 대하여》 23).

테르툴리아누스는 주의 날에 기도할 때 무릎을 꿇지 않는 관습을 전통으로 여겼다. 주의 날은 사람이 주인 앞에서 표현하는 염려나 경의가 아닌, 아버지 앞에서 표현하는 확신과 자신감을 드러내야 하는 날이기 때문에 무릎을 꿇지 않는다는 데도 주목하라. 주의 날은 예수의 부활을 통해 신자가 하나님의 양자가 된 날이며, 그러하기에 다른 날에는 신자가 매일 하나님 앞에서 자신을 낮추어야 하지만 주의 날에는 그러면 안 된다.

이 문제는 테르툴리아누스가 기대한 만큼 신속히 해결되지는 않았다. 4세기 무렵에는 안식일에 무릎을 꿇지 않으려는 경우보다는 매일 무릎을 꿇으려 하는 경우가 문제였던 것 같다. 서기 325년 니케아 공의회에서는 '주의 날과 오순절 기간에' 무릎을 꿇는 '몇 사람'의 관습에 조치를 취했다. 공의회는 그러한 관습에 반대하여 주의 날과 오순절 기간에는 서서 기도해야 한다고 정했다(니케아 공의회, 교회법canon 20). 당시 공의회의 조치를 거역한 사람도 더러 있었던 것으로 보이지만, 테르툴리아누스의 글을 보면 이 관습은 오랜 동안 준수되었다.

다시 히폴리투스에게로 돌아가 보자. 히폴리투스가 첫째 기도와 둘째 기도 사이에 예배 참석이 가능하다고 한 점은 흥미롭다. 이는 당시에는 대개 예배를 (지금은 일요일 아침이라고 부르는) 일주일의 첫째 날 아침 일찍 드린다고 생각했지, 예전처럼 (오늘날에는 토요일 저녁이라고 부르는) 이제 막 첫째 날이 시작된 그 전날 저녁에 드린다고는 생각하지 않았음을 보여 준다. 당시 히폴리투스의 교회 구성원 대부분은 이방인 개종자들이었으므로, 이들이 일상의 잡다한 일에서 빠져 나오려면 전날 저녁보다는 이른 아침이 더 편했다. 교회는 또한 기도하겠다는 결심을 늘 공개적으로 할 수 없고 때로는 '마음속으로 기도'해야 하는 사람들로 구성되어 있다.

다시 말하지만, 주의 날에 금식을 삼간 경우처럼 주의 날에 무릎 꿇기를 삼가는 것 역시 주의 날의 성격인 기쁨과 승리를 기념하는 일이었다. 테르툴리아누스가 주의 날에 무릎을 꿇지 말아야 할 근거를 제시한 앞의 인용 단락에서 볼 수 있듯이 말이다.

주의 날에 드리는 예배

초기 몇 세기의 기독교 예배 내용 대부분은 상세히 알아내기가 불가능하지는 않지만 정말로 어렵다. 우선, 정보 전달이 쉽지 않던 시대라 통일성을 이루기 어려웠기 때문에 한 곳에서 행하던 것을 다른 곳에서도 행했는지 전혀 확실하지 않기 때문이다. 둘째, 예배를 묘사하는 현존 문헌('교회 교전집'•)은 대부분 연대가 불확실하고, 대체로 사도 시대 저술이라고 주장하기 때문이다. 셋째, 교전집을 읽을 때 그 문서가 실제로 당시 행하던 관습을 묘사하는 것인지, 아니면 오히려 저자 쪽에서 예배 방식에 영향을 끼치려는 시도였는지 밝히기가 쉽지 않기 때문이다. 그렇다 하더라도 초기 기독교 예배를 지나치게 일반화하려고 하거나 다양한 증언을 전체적으로 완전히 논리정연하게 똑같은 모양으로 만들려고 하지 않는다면, 예배의 윤곽을 대략적으로는 밝힐 수 있다.

이러한 상황을 감안해도, 우리는 최소한 일주일의 첫째 날 예배가 장례식 같거나 침울하지 않았으며 오히려 기쁨이 넘치는 예식이었다는 사실은 확신할 수 있다. 이 사실은 이 책 앞부분에서 인용한 모든 글이 증언한다. 일주일의 첫째 날은 다른 무엇보다도 우선 주의 부활을 기념하는 날이었으며, 또 창조의 풍성함을 기념하고, 영원한 기쁨이 있는 '여덟째 날'에 대한 약속을 기념하는 날이었다. 그래서 그날에는 무릎을 꿇지도, 금식을 하지도 말라는

• 여기서 '교회 교전집敎典集'이라 옮긴 'church orders'는, 디다케나 《사도전승》처럼 1–5세기에 걸쳐서 예전과 교회 조직 같은 사안에 대해 '사도의 권위'로 지시하고자 저술한 초기 기독교의 저술 양식을 말한다.

명령이 있는 것이다.

또 초기 기독교 예배의 핵심에 포도주와 떡을 나누는 일을 중심으로 하는 식사가 있었으며, 떡과 포도주를 사복음서에 나오는 형식에 따라 취한 후에 축사하고 떼어서 주었다는 사실 역시 아주 분명히 확신할 수 있다. (디다케 9장에는 포도주가 떡보다 먼저 나오지만, 다른 문서 대부분에서 또 오늘날도 보통 그 순서는 반대다.) 앞에서 말한 것처럼 가장 초기 시대에는 한 주간의 첫째 날이 시작될 때, 즉 (오늘날에는 토요일 저녁이라고 부를 수 있는) 안식일 일몰 후에 모였다. 아마 한동안 신자들은 늘 하던 대로 먼저 안식일에 회당에 가서 기도하고 시편으로 찬양을 하고 성경을 읽고 그 성경을 해석하고 적용했을 것이다. 그러나 유대인과 기독교인 사이에 틈이 점점 더 벌어져서 기독교의 성경 해석과 유대교의 성경 해석이 충돌하여 회당에서 더는 기독교인을 받아들이지 않게 되자, 기독교인들의 집회를 시작할 때 기도, 찬양, 성경 읽기, 해석과 같은 활동을 먼저 하고 나서 실제 식사나 주의 만찬을 하게 되었다.

그래서 새로운 어려움들이 몇 가지 생겼을 것이다. 그 식사는 기독교의 기념행사로, 그리스도께서 세례 안에서 그분과 연합한 이들을 먹이시는 의식이었다. 디다케는 이

점을 매우 분명히 말한다. "주의 이름으로 세례를 받은 이들을 제외하고는 아무도 여러분이 감사 기도한 것을 먹거나 마시게 하지 말라. 주께서 '거룩한 것을 개에게 주지 말라' 하셨기 때문이다"(디다케 9.5). 그래서 테르툴리아누스는 사람들이 세례를 받은 후에야 성찬을 받는 것이 허용된다고 말한다(《면류관에 대하여》 3). 히폴리투스의 《사도전승》에서는 "예비 신자는 아무도 주의 만찬에 앉아 있으면 안 된다"(《사도전승》 27)고 말한다.[4] 그러나 아직 세례를 받지 않았더라도 기독교 신앙을 배우며 세례를 준비하는 이들도 성경에 대한 가르침과 기도와 찬양에는 참여할 수 있어야 했다. 그래서 여러 저자가 증언했듯이, 세례 받을 준비를 하고 있는 이들인 예비 신자, 즉 학습 교인catechumens●[5]은 기도, 찬양, 성경 읽기와 해석으로 구성된 예배의 처음 부분에 참여하고 실제 성찬식이 시작되기 전에 흩어지는 일을 허락하고 장려하는 관습이 생겼다. 이 내용을 가장 상세히 다룬 고대 문헌은 히폴리투스의 《사도전승》이다. 그 글에 보면, 세례식 후 갓 세례를 받은 사람은 우선 하나님

• catechumen을 가톨릭에서는 '예비 신자'로 개신교에서는 '학습 교인', '새신자' 등으로 번역하는데, 이 책에서는 문맥에 따라 예비 신자와 학습 교인이라는 용어를 혼용한다.

의 제사장 백성에 합류하여 세상을 위한 중보 기도로 '신자들의 기도'에 동참하고, 그 다음에는 처음으로 성찬을 받는다(《사도전승》 22-23).[6]

이처럼 예배 자체는 보통 말씀의 예배와 식탁의 예배로 알려진 두 부분으로 구성되었고, 결국 예비 신자 미사 Mass of catechumens와 신자들의 미사 Mass of believers가 되었다.

성찬에 참여할 수 없는 이들을 보내는 관습이 콘스탄티누스 시대를 훨씬 지나서도 계속되었다는 점은 특히 4세기 말엽 라오디게아에서 열린 교회 회의에서 입증된다(신약에 나오는 라오디게아가 아니라 브루기아에 있던 라오디게아다). 라오디게아 교회 회의 교회법 제19조는 이렇게 말한다.

> 주교가 설교한 후에, 먼저 예비 신자를 위한 기도를 별도로 하고, 예비 신자들이 나간 후에 참회자들을 위한 기도를 하고, 참회자들 역시 안수를 받고 물러나면, 비슷한 방식으로 신자들을 위한 세 가지 기도를 해야 한다. 첫째 기도는 묵도로 하지만, 둘째와 셋째 기도는 소리 내어서 한다. 바로 이어서 평화의 입맞춤을 받는다.…그런 다음에 거룩한 제물(프로스포라 prosfora, 직역하면 헌금 봉헌 또는 헌금)을 바쳐야 한다.

강조점

앞 단락에서 전체적으로 살펴보았듯이, 일요일의 역사적 발전을 좀 더 큰 그림으로 보도록 돕기 위해 몇 가지 강조할 점이 있다.

첫째, 아주 이른 시기부터 기독교인이 일주일의 첫째 날에 예수를 기억하며 떡을 떼기 위해 모였다는 증거가 수두룩하다. 하루가 일몰에 시작하여 일몰에 끝났고, 초대교회 신자 대부분이 유대인이었으므로, 한 주간의 첫째 날 일찍 떡을 떼는 일은 아마 안식일 해가 진 다음에 했을 것이다. 유대인의 계산으로는 안식일에 해가 지고 난 후인, 우리에게는 토요일 저녁에 해당하는 시간이 한 주간의 첫째 날이었을 것이다.

둘째, 교회 안에 이방인들이 점점 많아지면서 떡을 떼는 일을 똑같이 밤에 시작하기는 했지만, 이제는 한밤중을 지나서 해가 다시 뜨기 전에 했다. 이렇게 한 이유는 두 가지다. 우선은 저녁보다는 해 뜨기 전이 이방인들이 맡은 일에서 빠져 나와도 문제가 생길 소지가 더 적은 때였고, 또 이방인들에게는 일곱째 날 한밤중부터가 일주일의 첫째 날이었기 때문이다.

셋째, 초기 기독교의 저술에 반유대주의 논쟁이 상당히 많았고, 더러는 유대인들이 안식일에 일을 하지 않고 빈둥거린다고 비난하고, 더러는 예수께서 안식일 율법을 성취하셨거나 폐지하셨다고 주장했다. 그러나 기독교의 주의 날이 안식일을 대신한다고 주장하는 듯한 구절은 거의 없는 반면에, 기독교인이 일곱째 날에 안식일을 지켜야 하지만 기독교 나름의 방식으로, 즉 주의 날을 위한 예비일로 지켜야 한다고 주장하는 구절들은 있다.

넷째, 주의 날에는 누구나 예외 없이 일을 쉬고 종일 기도와 묵상과 성경 공부에 전념해야 한다.

다섯째, 위에서 말한 사항의 결과로서 제4계명과 일요일 예식의 연결이 나중에는 기독교의 신앙생활과 신학에서는 예삿일이 되겠지만, 특이하게도 고대 교회에서는 눈에 띄지 않는다.

여섯째, 한 주간의 첫째 날인 주의 날이 특별히 진지하거나 엄격한 날이어야 하지는 않았다. 오히려 이날은 기쁨과 축하의 날로, 무엇보다도 예수의 부활과 연결될 뿐 아니라, 창조가 시작된 요일과 같은 요일에 시작된 새 창조와, 또 '여덟째 날'에 대한 종말론적 기대와 연결되었다. 주의 날은 축하하는 날이었기에 금식을 허용하지 않았다.

신자들이 위대한 왕이신 하나님의 상속자로 입양된 날이었기에, 이날에는 기도할 때 무릎을 꿇지 말아야 했다.

마지막으로, 일요일에 드리던 기독교 예배는 우리가 믿는 것처럼 단순하지 않았다. 이를테면 세례와 관련한 다소 복잡한 의식이 있었으며, 기름, 우유, 꿀, 물, 그 외 여러 가지 상징과 몸짓을 통해 메시지를 전달하는 경우가 많았다.

제2부

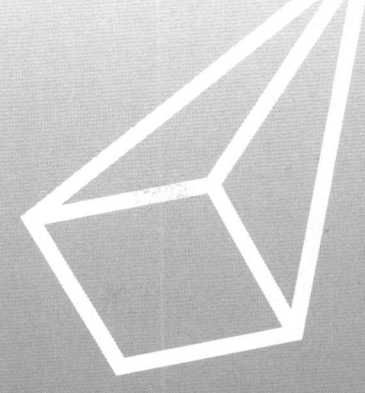

콘스탄티누스 시대부터 고대 말기까지

4세기 초에 교회 생활에 중대한 변화가 일어났다. 몇 십 년 동안 기독교는 늘 경험했던 최악의 박해에서 벗어나서, 처음에는 용인되었고 그 다음에는 국가의 지지를 받았으며, 마침내 유대교를 제외하고는 유일하게 공식적으로 용인된 종교가 되었다.

그와 같은 급격한 변화가 미친 영향은 교회 생활의 모든 면에서 볼 수 있다. 이제 주교를 포함하여 교회 지도자들이 사회에서 중요한 인물이 되었다. 예배당은 갈수록 호화롭게 건축되었다. 개종한 이들이 세례를 받기 위해 준비하던 기나긴 과정인 학습이 사실상 사라졌다. 기독교 문헌, 또 그러한 문헌을 보존하려는 관심과 방법이 폭발적으로 증가해서, 지금 남아 있는 아우구스티누스 같은 작가 단 한 명의 글이 그 이전 몇 세기를 견디고 남은 기독교 문서를 전부 합한 것보다 많다. 결과적으로 이는, 앞에서는 이 주제에 관해 구할 수 있는 모든 문서를 인용하고도 비교적 적은 수의 (그러나 바라건대 대표적인) 문서를 인용하는 것에 나 스스로 만족해야 했지만, 이제는 그렇게 하기가 불가능하다는 의미다.

일요일과 관련해서도 중요한 변화가 일어났다. 첫째, 일요일이 쉬는 날이 되었다. 이때 콘스탄티누스가 제정한 법이 우리에게도 적용된다. 둘째, 예배를 인도하는 방식과 이해하는 방식에서도 중요한 변화가 있었다.

콘스탄티누스와 황제의 새 정책

6

콘스탄티누스 칙령

서기 321년 3월 7일, 콘스탄티누스는 한 주간의 첫째 날을 지키는 것과 관련한 무수한 논의로 이어진 칙령을 하나 반포한다. 그 칙령은 이렇게 선언한다.

> 존귀한 태양의 날에는 각 도시 재판관과 백성을 쉬게 하고, 모든 일터의 문을 닫게 하라. 그러나 시골에 있는 농부들은 다른 날 날씨가 씨를 뿌리거나 포도나무를 심기에 적당하지 않을 수 있으므로 태양의 날에도 자기 일을 자유로이 합법적으로 이어 갈 수 있다. 그러한 작업을 하는 데 알맞은 때를 무시하다가 하늘이 주는 풍성함을 놓치지 않도록 말이다(《유스티니아누스 법전 Codex Justinianus》 3.12.3).[1]

사람들은 보통 이 법령을 근거로, 일주일의 첫째 날을 기독교의 예배일로 정한 사람이 바로 콘스탄티누스였으며 그 전까지는 매주 기독교 예배를 안식일에 드렸다고 말한다.

이와 같은 해석은, 칙령 반포 직후 기독교 초기 역사가 두 명이 기록한 내용이 뒷받침한다. 그들은 콘스탄티누스 칙령에 기독교적 동기가 있다고 주장하려 했다. 그 두 명 중 하나인 카이사레아의 에우세비오스는 《콘스탄티누스 전기》에서 "그[콘스탄티누스]는 특정한 한 날을 무엇보다도 먼저 기도에 바쳐야 한다고 명했다. 나는 첫째 날이자 가장 중요한 날, 우리 주와 구주이신 그분의 날을 말하는 것이다"(《콘스탄티누스 전기》 4.18).

그 다음 세기에 또 다른 역사가 소조멘은 이 내용을 되풀이하면서, 콘스탄티누스가 이 칙령을 반포하면서 기독교인들에게 호의를 베풀고 있었음을 더욱 분명히 밝힌다. "그[콘스탄티누스]는 주의 날이라고 불리는 그날, 유대인들이 한 주간의 첫째 날이라고 일컫는 그날, 이방인들이 태양신에게 바친 그날에 대해 명령했다.…그날이 그리스도께서 죽은 자들 가운데서 살아나신 날이었기 때문에 황제는 그날을 귀히 여겼다"(《교회사 *Church History*》 1.9).

그러나 에우세비오스도 소조멘도, 콘스탄티누스가 일요일에 기독교 예배를 드리라는 명령을 내렸다고 직접적으로든 에둘러서든 말하지 않는다. 앞에서 살펴보았듯이 기독교 예배를 주로 드리던 날이 기독교인이 주의 날(키리아카, 혹은 도미니카)이라고 부르던, 한 주간의 첫째 날임을 증명하는 문서가 많이 있으며 이 문서들은 콘스탄티누스보다 훨씬 오래되었다. 이를테면, 에우세비오스 자신도 초기 이단인 에비온파에 대해 논평하면서 "이들은 안식일과 그 외의 유대교 규례를 지켰다. 그러나 주의 날[키리아카]에는 주의 부활을 기념하며 우리와 같은 의식을 따라했다"고 말한다(에우세비오스,《교회사》3.27.5).

또 콘스탄티누스 칙령을 더 세밀하게 살펴보면, 그 칙령에는 일요일을 '한 주간의 첫째 날'이나 '주의 날'로 언급한 부분이 전혀 없다. 사실상 콘스탄티누스 시대에는 우리가 지금 일요일이라 부르는 날이 아니라 토요일(사투르누스의 날)이 일주일의 첫째 날이었다. 그래서 콘스탄티누스 칙령은 로마력에 따르면 일주일의 둘째 날, 즉 전통적으로 태양에게 바친 날을 특별한 쉼의 날로 선언한 것이다. 더욱이 그 칙령 자체에는 예배에 대한 언급이 전혀 없고, 쉼에 대한 언급만 있다. 그 법령을 특히 기독교인들에게 유리하게, 즉 한 주간의 첫째 날이 예수께서 부활하신 날이라는 사실을 바탕으로 해석한 사람은 바로 에우세비오스나 소조멘 같은 기독교인이었다. 그렇지만 에우세비오스는 콘스탄티누스가 이날을 기독교인들을 위해 기도하는 날로 정했다고 말하지 않고 누구나 기도하는 날로 정했으며, 그것이 주의 날에 행하는 기독교인의 의례와 일치했다고 말한다. 더 나아가서 1세기 후에 소조멘은, 그 날이 예수께서 부활하신 날이기 때문에 콘스탄티누스가 이 칙령을 반포했다고 주장하기까지 한다.

사실 실제로 있었던 일은, 콘스탄티누스와 그 가문이 정복되지 않는 태양신(솔 인빅투스)의 오랜 열성 신도였다는 것이다. 한동안 로마 이교 신앙 안에는 일신교를 지향하는, 적어도 태양신이 다른 모든 신 위에서 최고의 자리를 누리는 체제를 지향하는 경향이 있었다. 보기에 따라서 이것은 사투르누스의 강등이었다. 사투르누스는 오랫동안 신들 중에서 최고 자리를 누렸고, 로마에서는 그 이름으로 일컫는 날, 즉 사투르누스의 날이 일주일의 시작을 표시했으니 말이다. 콘스탄티누스는 거의 전 생애 동안 기독교에 충성하는지 여부가 다소 불분명했다. 기독교인 신민과 솔 인빅투스를 극진히 섬기던 신민을 모두 만족시키려 한 듯 보이기 때문이다. 콘스탄티누스는 모든 박해를 종식시키고, 교회와 그 지도자들에게 온갖 종류의 특권을 제공하기는 했다. 그러나 솔 인빅투스를 부인하지 않았으며, 그 자신이 솔 인빅투스의 대제사장이었다. 콘스탄티누스가 콘스탄티노플의 성벽을 건축할 경계선을 정하면서 걷고 있을 때 누군가 황제에게 어디까지 걸어가려고 하느냐고 묻자, "나를 이끄시는 그분이 가시는 데까지"라고 대답했다고들 한다. 이 '그분'을 기독교인들은 자기들의 하나님으로, 태양신의 열성 신도들은 태양신으로 이해할 수 있었다. 콘스탄티누스는 죽기 직전에야 마침내 세례를 받았다.

그러므로 에우세비오스와 소조멘과 같은 기독교인은 태양의 날의 쉼과 관련한 콘스탄티누스의 칙령을 자기들을 용인하는 칙령으로 이해할 수 있었지만, 사실 그 칙령은 황제가 일부러 모호하게 유지하던 종교 정책과 사투르누스보다 태양신을 우위에 두고자 하던 바람을 결합시킨 것일 가능성이 매우 높다.

그렇지만 이 칙령은 일요일의 역사에 참으로 엄청난 영향을 미쳤다. 이제껏 기독교인은 일요일 의례를 안식일에 쉬라는 계명과 관련짓지 않았다. 일요일은 쉬는 날이 아니었다. 자기 시간을 마음대로 할 수 없던 기독교인들에게 일요일은 쉬는 날이 될 수 없었다. 그런데 이제 일요일이 쉬는 날이 되었으므로, 일요일에 해도 적법한 일이 무엇인지 민법으로 정해야 했다. 곧이어 교회법도 일요일에 허용되는 활동과 금지되는 활동을 정했다. 이와 같은 상황에서 이제 일요일이 안식일의 쉼과 연결되었고 그 쉼을 명하는 계명과도 연결된 것은 전혀 놀랍지 않다. 이것이 콘스탄티누스 칙령 덕분에 일어난 엄청난 변화였다. 이 칙령은 일요일과 안식일의 쉼을 연결하는 결과를 낳았다. 이러한 연결은 그보다 앞선 시대의 기독교 사상과 신앙에 존재하지 않았다. 결국 이는 일요일이 안식일을 폐지했는지 여부, 기독교 예배를 안식일에 해야 하는지 여부 등등에 대한 논의로 이어졌을 것이다.

다른 칙령들

321년 첫 칙령 이후, '태양의 날'과 관련이 있는 황제의 칙령 여럿이 뒤이어 나왔다.[2] 첫 칙령 반포 몇 달 후(7월 3일) 콘스탄티누스는, 노예 해방과 관련 있으나 역시 기독교에 관해서는 아무 언급도 하지 않는 다른 칙령에서 다시 한 번 이날을 태양의 날(디에 솔리스)로 지칭한다. 시간이 훨씬 더 흐른 뒤인 365년에 공동 황제였던 발렌티니아누스와 발렌스는 여전히 이날을 디에 솔리스라 부르면서 태양의 날에는 기독교인들을 법정에 데려오지 말라는 명령이 담긴 공동 칙령을 공표했다. 테오도시우스가 다스리던 386년이 되어서야 공문서에서 이날을 기독교인들이 오랫동안 부르던 대로 주의 날(도미니카)로 지칭하기 시작했다. 386년 말에 테오도시우스가 반포한 칙령에 "조상들이 주의 날이라 일컫던 태양의 날"이라는 구절이 나온다. 13년 후인 399년에는 테오도시우스의 두 아들이자 후계자인 아르카디우스와 호노리우스가 '주의 날(디에 도미니쿠스 *die dominicus*)'에 어떠한 구경거리도 금지한다는 칙령을 반포했다. 그런데도 409년에도 "일반적으로는 태양의 날이라고 불리는, 주의 날(도미니쿠스 디에, 쿠암 불고 솔리스 아펠라트 *Dominicus die, quam vulgo solis appellat*)"이라는 설명이 필요했던 것으로 보인다. 425년 무렵에야 테오도시우스 2세가 간단히 '일주일의 첫째 날인 주의 날'이라고 지칭하게 되어, 이제는 태양의 날이라는 표현을 사용하지 않으며, 일주일이 사투르누스의 날이 아니라 유대교 전통처럼 안식일 다음날에 시작되는 변화가 있었음을 시사해 준다.

새 정책의 즉각적인 영향

많은 이들이 이런저런 말들을 했지만, 콘스탄티누스 시대보다 훨씬 전에 기독교인들이 한 주간의 일곱째 날이 아니라 첫째 날에 식사를 중심으로 하는 예배를 위해 모였다는 증거는 차고 넘친다. 그러나 기독교에서 한 주간의 첫째 날에 모여서 예배하는 관습이 콘스탄티누스 시대보다 훨씬 이전에 정립되기는 했어도, 321년 황제의 칙령과 그 칙령에 이어서 나온 많은 칙령 덕분에 기독교인들과 기독교인의 주일 준수에 실제로 어느 정도 변화가 일어났다. 더러는 즉각적 변화였고, 더러는 좀 더 시간이 걸린 변화였다.

기독교인들과 관련해서 가장 즉각적이면서도 오랫동안 지속된 변화는, 예배하는 날이 휴일도 되게 한 조치였다. 앞으로 살펴보겠지만, 훨씬 나중에는 이 날을 '안식일Sabbath'이라고 부르는 데까지 이른다. 그러나 이렇게 발전하기까지는 수세기가 걸렸을 것이다. 가장 직접적으로 교회와 교회 구성원들에게 끼친 영향은 기독교인들이 모이는 날의 시각과 관련이 있었다. 그때까지는 기독교인들이 (사도행전 20장에서처럼) 한 주간의 첫날이 막 시작된, 안식일이 끝난 저녁이나, (특히 기독교인 대다수가 이방인들인 경우에) 일상의 여러 허드렛일을 하느라 바빠지기 전인 안식일 다음 날 아주 이른 아침에 모이곤 했었다. 그런데 이제는 한 주간의 첫째 날이 공식 휴일이 되었으므로 더 편한 시간에 모일 수 있게 되었고, 예전처럼 동이 트기 전인 이른 시간보다는 아침에 보통 모였다. 그러자 좀 더 정교한 예전 liturgy이 발달할 수 있게 되었다. 다음 7-9장에서는 이러한 예전의 변화, 쉬는 날로서의 주일, 기독교에서 유대교의 안식일을 유용·거부·변형한 내용을 다루려 한다.

기독교 예배에서 일어난 변화

7

전통의 지속

이 책의 목적이 기독교 예전의 역사를 훑어보는 것은 아니지만, 일요일이 주로 공예배를 드리는 날이었기 때문에 콘스탄티누스가 새로이 시작한 정책으로 인해 기독교 예배에 일어난 변화를 짧게나마 살펴볼 필요가 있다.

새로운 체제가 예배에 영향을 미쳐 예전은 더욱 정밀해지는 과정을 겪었다. 그렇다고 해서 초기 기독교 예배에 의례나 상징이 없었다는 뜻은 아니다. 청교도의 영향으로 우리 중 많은 이들이 그렇게 생각하게 되었지만 말이다. 유적이 남아 있는 가장 오래된 교회 건물은 시리아의 두라 에우로포스에 있는데, 이 건물에는 아담과 하와, 대홍수, 선한 목자, 예수님의 기적, 부활과 관련된 여러 성경 구절을 암시하는 다양한 프레스코화가 잔뜩 장식되어 있다. 디다케만큼이나 이른 시기에, 의례와 그 의례에 동반되는 말씀이 일관성을 이루는 방향으로 나아가는 듯한 예배 순서가 등장하기 시작한다. 히폴리투스가 알려 주는 세례식 순서는 절대 간단하지 않다. 많은 세부 사항 중에서도 세례를 준비하는 이들은 한 주간의 여섯째 날에 금식해야 한다는 내용이 있다. 주교는 안식일인 일곱째 날에 세례 준비자들을 모아서 무릎을 꿇도록 명하고, 각 사람에게 손을 얹어서 악령을 내쫓고, 얼굴에 숨을 불어 넣고, 이마와 귀와 코에 도장을 찍는 손짓을 하고 나서, 이들에게 자리에서 일어나 밤새도록 기도하라고 지시한다. 그 다음날(주의 날), 이들은 물 위에서 기도를 한 후 세례를 받게 된다. 그 자리에는 다른 기름('감사의 기름'과 '악령을 내쫓는 기름')이 담긴 그릇이 두 개 있을 것이다. 장로들과 부제들이 이 예식에서 특별한 역할을 한다. 세례를 받을 사람은 각자 사탄과 마귀를 부인하고 옷을 벗고 물에 들어가게 된다. 세례가 진행될 때에는 현재 우리가 사도신경이라고 알고 있는 형식으로 선언을 해야 한다. 세례를 받은 이들은 한 번 더 기름을 바르고 다시 옷을 입고 나서 회중에 합류하여 다른 일련의 예식에 참여할 것이다. 히폴리투스는 그 예식도 세례식과 비슷한 정도로 상세히 서술한다.

그러므로 콘스탄티누스 시대 이전 기독교 예배가 아무 장식이나 의례나 예식도 없이 소박했다는 개념은, 현존하는 문헌과 고고학의 증거로 뒷받침되지 않는다. 일련의 상징과 의례의 목적은 실행되는 예식을 아름답게 꾸미는 것이 아니라, 그러한 상징과 의례 너머에 있는, 그 예식의 의미를 알려 주는 것이다. 그레고리 딕스가 말하듯이 "성만찬 예식에 관한 초기 증언은 그 예식이 소박하다기보다는 직접적이라는 인상을 준다."[1]

더욱이 콘스탄티누스 이전 시대에도, 곳에 따라 반드시 일치하지는 않았지만 분명 어떻게든 서로 비슷한 예배 순서를 따르려고 노력했던 듯하다. 십사일파 논쟁은 그러한 과정이 어떻게 진행되었는지 보여 주는 분명한 사례다. 여러 교회에는 각기 오래되었다고 주장하는 서로 다른 관습이 있었다. 그러나 이러한 교회들끼리의 접촉이 점점 더 빈번해지면서 신랄한 논쟁이 종종 일어나기도 했지만, 서로 이질적인 부분을 해결하려는 노력이 있었다. 예전 liturgy 전반에도 비슷한 일이 일어난 듯하다. 콘스탄티누스 시대 이전부터 계속 존재했고 콘스탄티누스 시대 직후에도 존재하던 다양한 예배 순서들의 관계에 대해 많은 논의가 있었지만, 이곳은 그런 논쟁을 다룰 자리가 아니다. 그러나 여러 기록을 살펴보면, 서로 중요한 차이가 있는 중에도 분명 그러한 차이를 해결하고 일종의 보편적인 예전 절차에 다다르려고 애쓴 듯하다. 그러나 이러한 노력이 완전한 성공을 거두지는 못하여, 예배를 연구하는 역사가들은 시리아, 비잔틴, 로마, 갈리아 등의 서로 다른 여러 예전 전통을 알려 준다. 하지만 이러한 차이를 인정한다 해도 그 다양한 의례 사이에 놀라울 정도로 유사성이 있다는 사실은, 콘스탄티누스 시대 이후에 완전히 새로운 것을 창조하는 변화가 아니라 오히려 앞선 시대의 예배 관습을 대체로 광범위하게, 또 근본적으로 조정하는 변화가 일어났음을 시사한다.

새 건물과 새 회중

박해가 끝나고 주의 날이 쉬는 날이 되었다는 사실 외에도 대다수 기독교인이 가장 주목할 만한 변화는, 새로우면서 보통은 호화로운 예배용 건물의 건축이었다. 그보다 이른 시기에 기독교인들은 보통 가정집이나 로마의 카타콤과 같은 공동묘지에서 만났다. 3세기 무렵에는 앞에서 언급한 두라 에우로포스에 있던 교회처럼 살림집을 예배 처소로 개조했다. 그러나 이제는 콘스탄티누스와 그 가문과 후계자들의 후원으로 예배 처소라는 특정한 목적으로 쓰일 건물이 세워졌다. 이 건물들은 로마 초창기 공공건물의 기본 도면을 모방하는 경우가 아주 흔했다. 그러한 공공건물은 황제(바실레우스 *basileus*, 왕)의 소유였기에 전통적으로 '바실리카'라고 불렀다. 4세기 무렵, 그와 같은 바실리카 중앙에는 줄지어 선 기둥을 경계로 측면 회랑과 분리된 회중석이 있었으며, 한쪽 끝에는 아트리움이, 다른 쪽 끝에는 제단이 놓인 아프시스도 있었다.•
트랜셉트••는 건물 모양이 십자형이 되게 했다. 사람들과

• 회중석이 있는 부분을 신랑身廊, nave이라고 부르는데, 바실리카식 예배당 중앙에 있는 폭이 넓은 공간을 가리킨다. '아트리움atrium'은 바실리카식 예배당에서 주랑柱廊으로 둘러싸인 안뜰로 중앙에 샘이 있어서 그곳에서 세례식을 거행하기도 했다. '아프시스apse'는 건물이나 방에 딸린 반원 비슷한 다각형 모양의 공간으로 후진後陣이라고도 부른다. 초기 기독교 건축에서는 중앙의 회중석 동쪽 끝에 아프시스가 있었다고 한다.
•• 트랜셉트transept는 십자형 교회의 팔에 해당하는 공간이라서 익랑翼廊이라고 불리며, 교차랑交差廊, 횡단랑橫斷廊이라고도 한다. 신랑에 직각으로 돌출되도록 만든 공간이다.

더 가까운 자리에, 보통은 제단 앞에 주교가 성경을 낭독하고 해석하는 설교단이 있었다. 이러한 기독교식 바실리카에는 대부분 비교적 별다른 장식이 없었지만, 호화로운 바실리카도 있었다.[21] 이 바실리카들은 모두 콘스탄티누스 시대 이전에 기독교인들이 예배하던 건물보다 훨씬 거대했다.

이러한 더 거대한 건물은 단순한 사치가 아니었다. 황제들과 황제들이 누구보다 존경하는 조언자들을 따라서 수많은 사람이 세례를 받고자 했기 때문에 더 큰 건물들이 필요해졌다. 평가는 다양하지만, 콘스탄티누스와 공동황제 리키니우스가 기독교인에 대한 박해를 종식시킬 당시에는 기독교인들이 제국 전체에서 상당히 소수였다는 데는 모두 동의한다. 그러나 70년이 지나자 제국 내에서 유대인이 아닌 이들은 대부분 세례를 받았으며, 결국 이전 종교는 '이교paganism'라고 불리게 되었다. 옛 종교가 주로 시골(파가니paganí)에 사는 사람들 사이에서 명맥이 이어졌기 때문이다.

이와 같은 폭발적 성장에는 필연적인 결과가 뒤따랐다. 오랜 시간을 들여 세례를 준비하던 예전 관습을 따를 수가 없었다. 교회에 들어오겠다고 요청하는 사람들을 모두 가르치기에는 교사가 정말로 부족했다. 그 결과 세례 준비 시간이 급격히 짧아졌다. 박해가 종식되기 몇 년 전에 열린 교회 회의는 2년을 학습 교인으로 지내야 한다고 결정했다(엘비라Elvira 교회 회의, 교회법 42조). 그러나 세례 받는 어린이 수가 늘어나면서 이 기간은 점차 짧아졌다. 506년에 오늘날 프랑스 남부에 있는 아그드Agde에서 모인 교회 회의에서는 기독교인이 되고자 하는 유대인은 학습 교인처럼 8개월은 기다려야 한다고 정했다. 곧 사실상 학습이 거의 사라졌으며, 세례를 위한 최소한의 준비 과정이라도 거쳐야 하는 이들은 유대교에서 개종한 사람들이나 로마 제국 국경 바깥에 있는 선교지에서 개종한 사람들뿐이었다.

그래서 일요일 예배에 근본적인 변화가 일어났다. 초기에는 가르침을 받고 일부 기도에 참여하고 나면 학습 교인들을 보내고, 성찬식에는 이미 세례를 받은 사람들만 참여했다. 물론 이러한 관습은 콘스탄티누스 이후에도 한동안 유지되었다. 앞에서 본 것처럼 콘스탄티누스 시대에서 반세기가 지나 라오디게아에서 열린 교회 회의에서도 이 오랜 관습을 유지하고 있었다. 그러나 곧 사실상 모든 사람이 세례를 받고 학습 교인이 거의 없어지자 학습 교인을 보내는 일은 없어지는 쪽으로 갔다.

동시에 예배는 순식간에 더욱 화려하고 복잡해졌다. 일례로 성직자의 예복을 들 수 있다. 콘스탄티누스보다 한 세기 전에 테르툴리아누스는, 자기가 팔리움pallium이라고 불리는 검소한 겉옷을 좋아해서 더 고급스러운 로마 토가toga를 버렸다며 비난하는 이들에게 짧게 답하는 글을 썼다. 그 글에서 테르툴리아누스는 토가는 로마의 정복과 권력의 표징이지만, 팔리움은 검소함의 표징이므로 기독교인에게는 팔리움이 더 어울린다고 주장했다. 그리고 이렇게 끝맺는다. "팔리움이여, 기뻐하고 즐거워하라. 기독교인의 예복이 되었으니, 더 나은 철학으로 네가 영광을 얻으리라"《팔리움에 대하여》*On the Pallium* 6). 콘스탄티누스 시대에서 100년이 흐른 뒤인 428년에 교황 첼레스티노는 다양한 직분을 나타내는 특별한 복장을 사용하도록 허락했다는 이유로 현재 프랑스 남부에 해당하는 지역의 주교들을 질책했다.[3] 그러나 특별한 지위와 권위의 수준을 나타내는 예복이 곳곳에서 등장하고 있었기 때문에 첼레스티노의 질책은 명분이 없어지고 있었다. 그 결과는 머리부터 발끝까지 복잡한 예복 세트였으며, 이러한 예복 세트에 각기 상징적인 의미가 있다고 주장하며 그것을 정

당화했지만, 일반 평신도 계층은 대부분 경외하며 존중했다.[4]

예전에서 사용하는 물품과 몸짓의 경우에도 유사한 발전이 있었다. 특히 음악은 점점 정교해져서 그 음악에 맞춰 노래할 성가대가 필요해졌고, 회중은 그저 듣고서 감탄하는 것밖에는 할 일이 없을 정도였다.

그렇다고 해서 예배가 대다수 회중에게 아무 의미가 없었다는 말은 아니다. 그 반대로 예배에 신비한 권능이 있다고 믿었기에 단순히 예배 참석 자체가 일종의 독실한 경건의 행동이 되었다.

성찬식이라는 중요한 드라마가 이제 대다수 사람들에게 삶의 최고 순간이 되었다. 성찬식은 늘 그랬듯이 고통과 절망의 세상 가운데서 축하와 소망을 보여 주는 드라마였다. 하나님이 사람들 가운데서 사시기 위해 오셔서 그들을 위해 죽으시고 다시 살아나셔서, 그들에게 소망이 있는 미래를 주신다는, 기쁘고 가슴 벅찬 드라마였다. 따분하고 판에 박힌 칙칙한 일상의 세상에서 사람들은 한 주 한 주를 이 드라마로 시작했다.

그러나 그 당시에도 기독교 예배의 이러한 기쁨이 넘치는 측면을 억눌러서 더 장례식 분위기로 바꾸려 하는 세력도 있었다. 그러나 그 내용은 다른 장에서 전개시키는 것이 알맞을 것이다.

8

주일 관련 법

쉬는 날로서의 주의 날

콘스탄티누스 시대 이전에도 안식일의 쉼을 권고하거나, 힐난하거나, 그 문제에 대해서는 어느 정도 자유를 허용하는 기독교 문서가 몇 있었지만, 기독교의 도미니카, 즉 주의 날을 쉼과 연관 지은 문서는 하나도 없었다. 기독교 초창기부터 주의 날(유대인의 계산에 따르면 한 주간의 첫째 날)이 예배의 날이기는 했지만, 이날이 쉼의 날이어야 한다는 요구나 기대는 없었다. 그런 기대가 있었다 해도 기독교인들이 보통 사람들의 삶의 속도에 적응해야 했던 사회에서는 극도로 실현하기 힘든 기대였을 것이다. 이 점에서 321년 콘스탄티누스 칙령이 상황을 그야말로 급변시켰다. 이제 쉬는 날을 법으로 명했고, 그날은 기독교인들이 전통적으로 떡을 떼면서 예배를 위해 모이던 날이기도 했기 때문이다.

교회 당국에서 주의 날을 쉼과 연결한 가장 오래된 문서는 앞에서 언급한 라오디게아 교회 회의의 교회법 29조로, 이는 콘스탄티누스 칙령이 반포되고 60년 정도 지난 후의 문서다. 이 교회법은 주의 날의 쉼을 요구하지는 않지만 찬성하는 동시에, 유대교의 안식일을 지키는 것은 금한다. "기독교인은 토요일에 유대교의 풍습을 따라서 빈둥거리며 지낼 것이 아니라, 일해야 한다. 그러나 주의 날은 특별히 존중해야 하며, 기독교인이 되었으므로 가능하면 주의 날에는 일하지 않아야 한다. 반면 유대교의 풍습을 따르는 것이 발각된다면 그리스도 밖으로 내 쫓길 것이다."[1] 이러한 교회법이 필요하다고 여겼다는 사실 자체가 안식일의 쉼이 여전히 논란거리였음을 보여 주는 듯하다. 라오디게아 교회 회의와 거의 같은 시기에 시리아에서 작성된 것으로 보이는 소위 《사도헌장 *Apostolic Constitutions*》이라는 문서가 그 사실을 확증해 준다.* 이 헌장은 베드로와 바울의 이름을 상정하여 안식일의 쉼에 관해 다음과 같은 명령을 한다. "종들은 닷새 동안 일해야 한다. 그러나 안식일과 주의 날에는 경건한 가르침을 받기 위해 자유롭게 교회에 참석할 수 있어야 한다. 우리[베드로와 바울]가 이것을 명하는 이유는 안식일에 대해서는 창조 때문이며, 주의 날에 대해서는 부활 때문이다"《사도헌장》8.33).

그러나 보통 주의 날에 어떠한 비종교적 활동을 허용할지를 법으로 정하는 것은 세속 당국의 몫이었고, 교회 당국은 주의 날에 무릎 꿇기나 금식 허용 여부와 같은 사항만 법으로 정했다.

이 원칙의 주목할 만한 예외는, 401년 카르타고 교회회의에서 제정한 교회법으로 '태양의 날(디에 솔리스)'에 연극 공연을 금지했다. 이 교회법이 특히 흥미로운 이유는 교회 조직이 주의 날을 '태양의 날'이라고 언급한, 흔치 않으면서도 가장 눈에 띄는 예외이기 때문이다. 앞에서 살펴본 것처럼 당시는 이미 세속 당국에서 주의 날(도미니카)이라는 용어를 사용하기 시작한 때였다. 카르타고 교회회의는 2년 전 공동 황제 호노리우스와 아르카디우스가 같은 내용으로 반포한 금지 칙령을 재차 단언하고 있었던

• *Apostolic Constitutions*에 대응하는 공식 번역어는 없는 것으로 보인다. 가톨릭에서는 《초대교회 법전집》으로, 두산백과에서는 《사도헌장使徒憲章》이라는 용어를 사용하며, 원제는 《클레멘스에 의한 거룩한 사도들의 법령*Ordinances of the Holy Apostles through Clement*》으로 클레멘스 1세 교황의 친구가 주교와 사제들에게 보내는 서한 형태로 되어 있다고 한다(참고, 네이버 지식백과 "사도헌장" 항목).

듯하다. 그렇지만 재미있는 점은 황제들은 이날을 도미니카라고 부른 반면, 카르타고에 모인 주교들은 디에 솔리스라고 불렀다는 사실이다. 이렇듯 로마 제국은 기독교 용어를 취한 반면, 교회는 전통적인 이교도 용어를 기꺼이 수용하고 있었던 것 같다.

황제의 다른 법령

한편 제국의 법은 이 특별한 날에 허용할 활동들을 규정하고자 했다. 이에 대해 앞에서 인용한 콘스탄티누스의 첫 칙령에서는, 법정을 열지 말 것과 미룰 수 없는 농사일을 제외한 모든 일을 중단할 것을 명령했다. 콘스탄티누스가 첫 칙령을 반포하고 몇 달 후에 아들과 함께 반포한 둘째 칙령에서는 이날 노예 해방을 허용한다고 했는데, 이는 관용에 대한 기독교적 관점이 황제의 법령에 영향을 미친 것일지도 모른다. 그러나 그러한 영향은 전혀 분명하지 않다.

4세기가 지나면서는 종교적 사안과 관련한 법이 늘어났으며, 대부분은 일요일과 관계가 있는 법이었다. 에우세비오스에 따르면, 콘스탄티누스는 자신의 유명한 321년 칙령 직후에 친히 모든 병사는 태양의 날에 기도를 해야 한다는 명령을 내렸으며, 그 기도의 문구까지 지정했다. 그러나 이 기도는, 기독교의 하나님으로 이해할 수도 있고 콘스탄티누스 가문이 오랫동안 숭배하던 정복되지 않는 태양신으로 이해할 수도 있는 '우리의 유일하신 신(神)이시자 왕이신 분'을 향한 기도이기에, 여기에는 콘스탄티누스 특유의 모호함이 깔려 있다.

일요일에 허용되는 활동과 관련해서는, 공공 행사를 금지하는 칙령이 곧 여러 차례 나왔다. 이를테면, 386년에 테오도시우스와 발렌티니아누스가 반포한 칙령, 392년에 이 두 황제에 아르카디우스가 합류하여 반포한 칙령, 399년에 아르카디우스와 호노리우스가 반포한 칙령, 409년에 아르카디우스와 테오도시우스 2세가 반포한 칙령, 425년에 테오도시우스가 반포한 칙령 등이다. 이렇게 법이 빈발한 것은 전반적으로 이 법에 맞서 저항이 있었으며, 이 법이 어디에서나 지켜지지는 않았다는 사실을 방증하는 듯하다.

이러한 법들을 톺아보면, 주의 날(도미니카)이라는 언급이 지지를 얻으면서 태양의 날(디에 솔리스)이라는 언급이

8. 주일 관련 법

사라지는 경향이 있었던 것처럼, 기독교의 영향을 받았을 가능성이 좀 더 많은 법령이 있었던 것이 분명해 보인다. 그 중에서도 가장 눈에 띄는 법령은 테오도시우스 2세가 409년에 반포한 칙령이다. 그 칙령에서 황제는 주의 날에 재판관은 죄수들이 어떤 상태로 구금되어 있는지 살펴보아야 한다고 명령한다.

또 매년 예수의 부활을 성대하게 기념하는 특별한 일요일(우리가 현재 부활절이라고 부르는 일요일)의 중요성이 점점 더 커졌다. 에우세비오스에 따르면, 니케아 공의회 후에 콘스탄티누스는 모든 교회에 서신을 보내어 부활절에 관한 공의회의 결정을 따르라고 촉구했다. 그러나 특히 이미 "서방과 남방과 북방에 있는 모든 교회와 일부 동방 교회"가 그와 같은 부활절을 지키고 있었으므로 그 서신은 황제의 명령이라기보다는 이치에 맞는 말로 전해졌다(《콘스탄티누스전기》 3.19). 4세기 후반인 367년부터 황제들은 제한적 사면을 허락하는 것으로 부활절을 기념하곤 했다. 367년에 황제 발렌티니아누스, 발렌스, 그라티아누스는 공동 칙령에서 일종의 선례를 만들었다.

우리가 마음 깊이 축하하는 부활절[파스카 *pascha*]이기 때문에 우리는 기소당해 구속되어 옥에 갇힌 모든 이들의 굴레를 벗겨 준다.

그러나 반역자나 주술사, 독살범, 마술사, 간통범, 강간범, 살인범은 이 혜택을 누리지 못한다.[2]

이 세 황제는 368년에 비슷한 사면을 결정함으로써, 매년 반복하지는 않았어도 이 특별한 일요일에 특별한 의미를 부여하는 전통을 세웠다. 380년에 사면과 관련한 칙령을 반포하기 직전에, 테오도시우스 황제는 그라티아누스와 발레티아누스 2세와 공동으로 우리가 현재 사순절이라고 부르는 기간 내내 형사 사건 재판을 유보했다. "부활절을 고대하는 40일 동안…형사 재판의 모든 심문을 중지한다."[3]

이어서 389년에는 (이제는 발렌티아누스 2세와 아르카디우스와 공동으로) 부활절 휴일을 연장했다. 테오도시우스 황제는 이 칙령에서 한 해의 첫날과, 로마와 콘스탄티노플 창건일을 휴일로 선포하고 나서, 계속해서 이렇게 말한다. "우리는 부활절의 거룩한 날들도 똑같이 전이나 후로 (각각 칠 일을) 계산해서 지키며, 태양의 날도 그렇게 한다."[4]

안식일에 대한 기독교의 관점

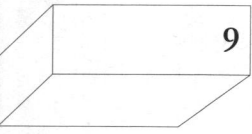

초기의 관점과 논쟁

콘스탄티누스 시대 이후 기독교인들이 안식일을 완전히 배척하거나 망각했다고, 혹은 예전 안식일 관습을 일요일로 옮겼을 뿐이라고 흔히들 말하지만, 꼭 그렇지만은 않다. 이에 대해서는, 중세 시대까지도 그리스어권 기독교인들은 일주일의 일곱째 날을 사바톤*sabbaton*으로, 라틴어권에서는 사바툼*sabbatum*으로 불렀으며, 이러한 어법이 오늘날까지 그리스어와 로망어에서 이어지고 있다는 말만으로 충분하다. 기독교가 출현하기 이전에 한 주간의 일곱째 날뿐 아니라 한 주간 전체도 사바툼인 경우가 흔했듯이, 출현 이후에도 그러했다. '안식일을 지키다*sabbatize*'라는 뜻의 사바티자레*sabbatizare* 동사에는 긍정적인 의미도 있었고, 부정적인 의미도 있었다. 사실 안식일에 관한 기독교의 관점은 매우 복잡다단하게 발전했다. 그러나 대체로 사바툼은 한 주간의 일곱째 날이었다.

한 주간의 일곱째 날에 대한 유대교식 이름이 남아 있는 것으로는 충분치 않다면, 다수의 기독교인이 한 주간의 첫째 날에 모여서 예배하면서도 일곱째 날을 특별하게 여겼음을 보여 주는 많은 기록이 있다. 앞에서도 인용했지만, 에비온파에 대한 에우세비오스의 언급(《교회사》3.27.5)을 보면 에비온파 사람들은 일곱째 날을 그렇게 특별하게 여겼다. 베드로와 바울이 썼다고 하는 《사도헌장》에 나오는 교훈에서도 마찬가지다(《사도헌장》8.33). 또 보통은 아타나시우스가 했다고 여기지만 아마도 아타나시우스와 동시대 인물인 안키라의 마르켈루스가 한 것으로 추정되는, 안식일 모임을 다룬 설교도 있다. 그 설교는 이렇게 말한다. "우리가 안식일에 모이는 까닭은 유대교에 물들어서가 아니다(우리는 유대교의 가짜 안식일을 수용하지 않는다). 우리는 안식일의 주인이신 예수를 예배하기 위해서 이날에 모인다"(*Hommilia de semente* 1). 거의 비슷한 시대에 소크라테스 스콜라스티쿠스는 기독교인 사이에서도 다양한 측면에서 서로 관습이 다른 것을 강조하는 글을 쓰면서, 대부분의 교회가 일요일에 성찬식을 하지만 토요일과 일요일에 모두 하는 교회도 많으며 일부 교회는 토요일에만 한다고 했다. "종교 회합과 관련해서도 차이가 덜하지 않다. 전 세계 거의 모든 교회가 매주 [일요일 외에도] 안식일에 이 거룩한 신비*를 기념하지만, 알렉산드리아와 로마에 있는 기독교인들은 일부 옛 전통 때문에 그렇게 기념하는 일을 중단했다. 알렉산드리아 이웃에 있는 이집트인들과 테베인들은 안식일에 종교 집회를 열지만, 전반적으로 기독교인들 사이에서 흔히 하는 식으로[즉, 일요일에] 신비에 참여하지는 않는다"(《교회사*Ecclesiastical History*》 5.22).[1]

그 다음 세기 소조멘의 유사한 구절도, 일부 교회가 안식일과 일요일에 모두 모이며, 안식일 저녁(앞에서 설명했듯이 안식일 저녁은 이제 일곱째 날이 아니라 첫째 날의 시작이었을 것이다)에 모이는 교회도 있다고 이야기한다. "콘스탄티노플과 거의 모든 곳에서 한 주간의 첫째 날에는 물론이고 안식일에

• 여기서 소크라테스 스콜라스티쿠스가 말하는 거룩한 신비sacred mysteries는 성찬을 포함한 성례, 혹은 성찬만 가리키는 표현으로 보인다. sacrament가 그리스어 미스테리온*mystērion*에 대응하는 라틴어 *sacramentum*에 해당하는 영어이기 때문이다. 개신교에서는 sacrament를 '성례'(혹은 성례전)라고 번역하며, 세례와 성찬 두 가지만 성례로 인정한다. 반면 로마 가톨릭에서는 이 단어를 '성사'라고 번역하며, 일곱 성사(세례성사, 견진성사, 성체성사, 고해성사, 혼인성사, 성품성사, 병자 성사)가 있다.

도 사람들이 모였는데, 로마나 알렉산드리아에서는 이러한 관행을 절대로 지키지 않았다. 이집트에 있는 몇몇 도시와 마을에서는 다른 곳에서 확립된 관례와는 반대로 안식일 저녁에 사람들이 모여서…신비[*]를 함께 먹고 마셨다."《교회사*Ecclesiastical History*》7.19).[2]

한편 안식일을 지키면 결국에는 신자들이 유대교로 돌아갈지도 모른다고 염려한 기독교인도 더러 있었다는 기미도 있다. 당시는 여전히 유대교가 개종 활동을 하고 있었고 기독교와 종종 경쟁하던 시대였기 때문이다. 그러한 기미 중 하나가 4세기 후반, 날짜를 분명하게 추정할 수 없는 시기에 모인 브루기아의 라오디게아 교회 회의의 교회법 19조에 나타난다. "기독교인이라면 유대교식으로 안식일에 쉬어서는 안 된다. 오히려 주의 날을 존중하며 안식일에 일해야 하고, 일하고 나서 쉴 수 있다면 기독교인으로서 쉬어야 한다. 그러나 누구든 유대교를 따르는 것이 발각되는 자는 그리스도께서 저주하시기를."[3]

앞에서 살펴보았듯이 이미 콘스탄티누스 시대 이전에도 기독교인 사이에서 안식일에 대한 태도는 가지각색이

---

* 여기서도 "신비를 함께 먹고 마셨다partake of the mysteries"는, 문맥상 성례(성찬)를 의미하는 것으로 보인다.

었는데, 보통은 유대교에 대한 태도와 안식일에 대한 관점이 유사했다. 2세기에, 이그나티오스는 여러 의미로 해석할 수 있는 글에서 마그네시아 사람들에게 "안식일을 지키지 말고 주의 날에 따라서 살아가라"고 간곡히 타이른다(《마그네시아서》9.1). 바나바라는 가명을 쓰는 저자는 안식일 준수에 그다지 동의하지 않는 듯하지만, 이 글에는 주의 날이 안식일을 대체했다는 암시 역시 전혀 없다. 순교자 유스티누스는 안식일을 지키지 않았지만, 자기들처럼 안식일을 지키라고 다른 이들에게 강요하지만 않는다면 안식일을 지키는 이들을 흔쾌히 받아들였다. 기독교인들이 주의 날을 성찬을 위해 모이는 날로 지키기는 했지만, 어느 시기든 주의 날이 안식일을 대체한다고 여겼거나, 주의 날을 쉬는 날로, 즉 안식일로 여겼다는 기미는 전혀 없다. 또 주의 날을 거듭 '한 주간의 첫째 날'로 언급한 것은 안식일이 한 주간의 일곱째 날이라는 유대교 사상에 기독교인들이 동의했음을 분명히 보여 준다.

안식일 준수에 대한 초기 기독교의 격렬한 반대는 그날을 지키느냐 그 다음날을 지키느냐와는 아무런 관계가 없다. 오히려 이 논쟁 대부분은 기독교인들이 문자 그대로 이해하기를 거부하던 안식일 율법의 의미 자체와 관련이 있었다. 《디오그네투스서》는 "하나님이 우리가 안식일에 선한 일을 하는 것을 금하신다는 생각은 하나님에 대한 일종의 모욕이다"《디오그네투스서》4.3)라고 말하면서 복음서에 나오는 그러한 논쟁을 자연스럽게 이어 간다. 이레나이우스는 아버지 하나님과 직접 대화하는 기독교인이라면 자신이 어떻게 해야 하는지 상기할 필요가 없으며, "쉬는 날 하루를 빈둥거리며 지내라는 명령도 받지 않을 것이다. 그는 안식일을 꾸준히 지킨다. 즉 하나님의 성전인 사람의 몸으로 하나님을 경배하며 늘 정의를 행한다"《사도 설교의 논증Demonstration of the Apostolic Preaching》96)라고 말한다.[4]

4세기에도 안식일에 대한 태도는 여전히 각양각색이었고, 또 그 태도들은 유대교에 대한 태도들과도 유사했다. 그러나 전반적으로 볼 때 소크라테스와 소조멘이 넌지시 말하듯이, 시골이나 외딴 지역에서는 성찬을 위해서 첫째 날 일찍, 즉 안식일 저녁에 모이던 초기 관습이 널리 퍼졌지만, 로마나 알렉산드리아 같은 대도시에서는 기독교인들이 이제 유대력으로든 로마력으로든 분명히 한 주간의 첫째 날인 때에 모이고 있었다.

쉼에 관한 교회법

콘스탄티누스 이후에야 쉼의 문제가 전면에 등장했다. 황제들이 태양의 날이기도 한 주의 날이 쉬는 날이라는 칙령을 거듭 반포했기 때문에, 그날과 유대교의 안식일의 관계에 대한 질문이 제기되었을 것이다. 이러한 과정은 오랜 시간 계속되었을 것이다. 앞에서 언급한 것처럼 황제들이 그러한 쉼의 범위와 관련하여 법령 몇 가지를 선포했지만, (아마도 극장에 가는 것과 같은 음탕한 활동* 외에도) 어떤 활동을 금해야 하는지에 대한 질문에 교회가 비교적 더디게 답했기 때문이다.

이 사안에 대한 세속 법령은 무척 많은 반면에, 교회는 주로 서로마제국 멸망 후인 6세기와 그 이후에 주의 날에 가능한 활동에 관한 구체적인 법령을 만들어 내기 시작했다. 라오디게아 교회 회의(380년경) 때까지도 이 점에 대해서는 여전히 의견이 일치하지 않았다. 라오디게아 교회 회의에서는 안식일의 쉼을 받아들이지 않은 반면에, 거의 같은 시기인《사도헌장》에서는 안식일과 주의 날에 모두

---

* 로마 시대의 연극은 대부분 로마 신들을 기쁘게 하기 위한 외설적인 내용이었다.

쉬라고 명하기 때문이다.

장차 일어날 일의 예표로서의 안식일

역사를 통틀어 다른 많은 기독교인이 그랬던 것처럼 초기 기독교인들도 히브리 성경의 문자적 해석과 관련하여 어려움을 겪었다. 이를테면 여리고에서 살아 있는 것은 모두 진멸하라는 하나님의 명령에 대해서 뭐라고 말해야 했을까? 얼마 지나지 않아 그들은 이러한 고대 본문, 특히 곧이곧대로 의미를 받아들이면 눈살을 찌푸릴 만한 본문을 해석하는 방법을 개발하기 시작했다. 유대인 조상들은 물론, 그리스인들이 똑같이 불쾌한 자기네 신들에 관한 이야기를 해석하던 방식도 이러한 본문 해석법에 영감을 주었다. 이러한 기독교의 성경 해석에서는 간혹 그러한 고대 본문을, 실제로 일어난 사건으로 보기보다는 그 글 자체에 의미가 숨겨진 풍유allegory로 보았다. 때로는 그러한 본문을 역사상 실제로 일어난 일로 받아들였지만, 장차 일어날 일을 예시하거나 가리킨다고 이해하기도 했다. 미래에 대한 그와 같은 표징이나 암시를 '예표type'라 불렀기에, 이러한 종류의 해석을 보통 '예표론typology'이라 부른다. 풍유와 예표론 모두 까다로운 본문에는 그 본문 자체를 넘어서는 의미가 있다고 해석한다.

안식일 율법 해석에 관한 한 기독교인은 이 두 방법을 따랐으며, 보통은 이 둘을 섞었기에 사실상 구별하기가 불가능했다. 그들은 안식일 율법을, 다른 의미와 성취를 가리키는 풍유거나 그림자라고 보았다. 그러다 얼마 지나지 않아 안식일이 예수님을 가리키는 일종의 '예표' 즉 예시라는 개념이 기독교 신학자들 사이에서 공인되었다. 이러한 내용을 예증하는 문헌이 헤아릴 수 없이 많이 있지만, 현재 다루는 역사의 중심 주제가 아니므로 짤막하게 발췌하는 것으로도 충분할 것이다.

자주 인용되는 아타나시우스의 글에서는 다음과 같이 분명하게 밝힌다. "첫 창조는 안식일에 끝을 맺었다. 두 번째 창조는 주의 날에 시작되었으며, 그날에 주께서 옛 것을 새롭게 하시고 회복시키셨다. 그러므로 주께서 과거에 첫 창조를 기억하면서 안식일을 지키라고 명하신 것과 마찬가지로 우리는 이제 새 창조를 기억하면서 주의 날을 귀하게 여긴다"《안식일과 할례에 대하여On Sabbath and Circumcision》3).

지금까지도 손꼽히게 유명한 설교자 중 하나인 요하네스 크리소스토무스는 안식일 율법의 가치를 단언하지만, 그러고 나서는 복음이 안식일 율법을 대체했다고 선언한다.

> 진실로, 맨 처음에는 안식일 준수가 유익을 많이 주었다. 이를테면 안식일은 유대인들로 하여금 각기 자기 친족을 더 온유하고 다정하게 대하게 해 주었고, 그들에게 하나님의 섭리를 알려 주었으며,…이와 같이 유대인들이 차근차근 악을 제쳐놓고 영적인 일에 더 관심을 기울이게 되도록 가르치고 있었다.…이러한 방식으로 여호와께서는 그 자체로는 그림자인 것들을 통해서 유대인들에게 진리를 계시해 주셨다. 그렇다면 그리스도께서 이 모든 것을 없애 버리셨는가? 당연히 아니다! 실로 그리스도께서는 안식일의 중요성을 보여 주셨다. 이제 인류에게 더 고귀한 지식이 계시될 때가 이르렀기에, 악에서 벗어나 모든 선을 향해 일어설 준비가 되어 있는 이들이 더는 얽매일 필요가 없다.…하늘나라 시민으로서 계속되는 축제 속에서 사는 사람이라면 안식일이 도대체 무슨 필요가 있는가? 그러므로 끊이지 않는 축제 속에서 살고 악을 삼가자. 그와 같은 것이 진정한 축제이기 때문이다. 영적인 것을 강조하고 물질적인 것에서

떠나자. 우리 손이 탐심을 가까이 하지 못하게 하고, 우리 몸을 무익하고 무분별한 수고에서 벗어나게 함으로써 영적인 쉼, 즉 한가함을 누리자(《설교집 Homilies》 39.3).

크리소스토무스는 이 설교에서 자기에게 있는 누가복음 6장 1절 사본에 나오는 난해한 단어를 지나가는 말로 언급한다. 이는 현대 번역가들이 다른 사본 전승을 따라 생략하는 단어다. 누가복음 6장 1절에서 예수님과 제자들이 안식일에 이삭을 자르는 이야기는 "둘째 첫째[듀테로프로토스 deuteroprōtos] 안식일"에 일어난다. 거의 같은 시대에 서방에서 암브로시우스는 누가복음을 주해하면서 이 기묘한 단어의 뜻에 관한 의문을 피해 가지 못했다. 암브로시우스는 안식일의 현재 가치에 대한 자신의 이해를 바탕으로 이렇게 답한다.

첫째가 앞에 있어야 하는데 누가가 '첫째-둘째'가 아니라 '둘째-첫째, 즉 듀테로프로토스'라고 말하는 데 눈길이 끌린다. 율법에 의한 다른 안식일이 먼저 있었기에 그날은 '둘째 안식일'이며, 그 율법은 누구든 안식일에 일하는 사람을 처벌하라고 명령했다. 그러나 그날은 첫째 안식일이

기도 하다. 먼저 있었던 다른 안식일, 즉 율법의 안식일이 폐지되었기 때문이다. 그래서 나중에 온 이 다른 안식일이 첫째가 되었다. 그러므로 이제는 안식일에 일하는 것을 금하지 않으며 일을 한다고 해서 벌을 받지 않으므로, 율법의 안식일이 더는 효력이 없고 이름만 남았다. 그 다른 안식일이 기원 면에서 첫째였다면 이 다른 안식일은 결과 면에서 첫째다. 그러므로 더 나중에 왔어도 이제는 둘째가 아니다. 마찬가지로 첫째 아담은 둘째 아담과 비교될 수 없다.…둘째 아담이 첫째가 된 타당한 이유가 있다. 첫째 아담은 죽음을 가져왔고, 둘째 아담은 생명을 가져왔기 때문이다. 마찬가지로 이날은 '둘째-첫째' 안식일이다. 이 안식일이 순서로는 둘째지만, 그 유익 면에서는 첫째다. 죄를 용서하는 안식일이 죄를 규정하는 안식일보다 낫다《누가복음 주석*On the Gospel of Luke*》 5.31).

그러나 유념할 사실은 암브로시우스가 주의 날, 즉 일요일이 안식일을 대신하게 되었다고 말하지는 않는다는 것이다. 안식일을 대신하게 된 것은 그리스도 안에서 시작된 새로운 질서다. 첫째가 된 '둘째 안식일'은 한 주간의 다른 날이 아니라 오히려 하나님과 관계를 맺는 다른 방식이었다. 암브로시우스는 이 주석의 다른 부분에서 예수께서 안식일에 병을 고쳐 주신 여자를 언급하면서(눅 13:10-17) 안식일이 한 주의 다른 날의 의례가 아니라 하나님과의 전과 다른 관계로 대체되었다고 재차 말한다. "[율법에 나오는] 안식일 준수는 장래의 삶에 대한 일종의 표징이다. 율법을 성취하고 은혜 가운데 사는 모든 이들은 그리스도의 자비하심으로 자신의 병든 몸의 고통에서 벗어날 것이기 때문이다. 따라서 모세에게 임한 거룩함은 장차 있을 거룩함에 대한 일종의 표징이며, 세상일을 삼감으로 영적인 준수를 위한 것이다《누가복음 주석》7.173). 곧이어 아우구스티누스는 이러한 글을 썼다.

> 그리스도께서 우리를 수많은 의례라는 무거운 멍에에서 자유롭게 하셨으므로 이제 우리는 몸에 할례를 받을 필요도, 동물 희생 제사를 드릴 필요도, 모든 할 일을 7년마다 중단해야 하는 안식년 주기를 따를 필요도 없다. 오히려 우리는 이 모든 것을 영적으로 지켜야 하며, 진리를 가리키는 그림자는 제쳐놓고 영적으로 이해한 대로 이 율법을 지켜야 한다.…우리는 영적 거룩함과 쉼을 가리키는 육적 안식일 준수에서 [벗어났다]《펠라기우스주의자들의 두 편지에 대한 논박Co

ntra duas epistulas Pelagianorum》3.4.10).

이 글의 근거는 그리스도께서 안식일 율법에 예시된 바를 성취하셨다는 사실이다. "우리에게 안식일의 신비를 밝히 보여 주실 분은 바로 주님이시며, 이 안식일 준수를 유대인들은 일종의 표징으로 받았다. 그러나 이 신비의 진정한 성취는 그분 안에서 일어났다"(아우구스티누스,《요한복음 주석*Commentary on John*》17.13).

그리고 이어서 아우구스티누스는 유대교를 오해한 것으로도 보이는 구절에서 이렇게 말한다.

> 유대인들은 안식일 준수를 육적인 방식으로 이해했다. 또 유대인들은 하나님께서는 6일 동안 세상을 창조하시는 일을 하신 후에 안식일을 거룩하게 하시고 그 후로 줄곧 잠자고 계신다고 믿었다. 우리 선조가 받았으며 기독교인으로서 우리가 지키는 율법에는 신비가 있다. 우리는 몸으로 하는 모든 수고, 즉 모든 죄를 삼감으로써 이것을 영적으로 지킨다.…그러면 우리 마음에 쉼, 다시 말해 영적 평화가 온다.…하나님께서는 우리 역시 선한 일을 하고 나서 쉬리라는 것을 알려 주시려고 만물을 창조하신 후에 쉬셨다고 한

다(《요한복음 주석》 20.2).

 이러한 여러 문서에서 유대인은 안식일을 지키는 반면에 기독교인은 주의 날을 지켜야 한다고는 말하지 않는다는 사실에 유념해야 한다. 어느 한 날을 다른 날로 대체하는 것은 중요하지 않다. 그보다는 안식일 준수가 약속된 체제의 표징이며, 그 체제가 이제 적어도 어느 정도는 그리스도 안에서 실현되었다는 시각이 중요하다. 그러므로 여기서 글쓴이들 대부분이 영적인 평안과 연결하는 새로운 준수는 한 주간의 어느 특정한 날에 대한 문제가 아니라, 그리스도 안에서 동튼 새로운 날에 대한 문제다.
 육신의 쉼은 거의 언급되지 않는다. 쉼이 언급될 때 그 쉼은 보통 그리스도 안에서 쉬는 영혼의 평안을 말하기 때문이다. 바로 앞에서 인용한 아우구스티누스의 글에서처럼, 육신의 일을 삼가는 것을 죄를 삼가는 것으로 풍유적으로 이해하는 경우가 가장 흔했다.
 그러나 문자 그대로의 안식일이 한 주간의 일곱째 날로서는 완전히 잊히지 않았다. 앞에서 언급했듯이 서로마제국에서 발달한 로망어에서는 물론이고 그리스어에서도 한 주간의 일곱째 날이 고대 유대교식 이름에서 유래한 단어로 알려져 있다는 사실이 이를 입증한다.

강조점

이 연구의 주요 단락의 결말에 이르렀으므로 잠시 멈춰서 이 특정 시기의 주요한 발전을 다시 한 번 강조하는 편이 좋을 것이다. 그렇게 하면 변화가 일어난 과정을 더 큰 그림으로 보는 데 도움이 된다. 분명 이 기간에 가장 중요한 요소는 박해받다가 로마 제국의 공식 종교로 변한 기독교의 위상이며, 따라서 지금 강조하는 모든 사항이 그 위상 변화와 관련이 있다.

이 점과 관련하여 이제 처음으로 일요일이 쉼과 연결되었다는 사실이 첫째 요점이다. 콘스탄티누스가 일요일의 역사에 미친 영향이 가장 두드러지며 직접적인 부분이 이곳이다. 흔히들 하는 말과 달리, 기독교인들이 예배를 위해 일요일에 모여야 한다고 정한 사람은 콘스탄티누스가 아니다. 기독교인들은 이미 오랫동안 그렇게 모여서 예배를 드렸다. 콘스탄티누스는 기독교인들이 자기 일이나 직업상 의무를 걱정할 필요 없이 모이기가 더 쉽게 해 주었을 뿐이다. 그 전에도 기독교인들은 대체로 일주일의 첫째 날이 시작되는 직후인 일곱째 날 해 진 후에 모이기보다는 다음날 해 뜬 후에 모이기 시작했지만, 콘스탄티누스 덕분에 결과적으로 그 변화가 가속화되었다.

콘스탄티누스와 그 후계자들이 일요일에 쉬는 것과 관련하여 공표한 법령이 안식일 관련 율법과 어느 정도 비슷하기는 하지만, 일요일 준수가 넷째 계명 순종이라는 개념으로는 이어지지 않았다. 다수의 기독교인에게는 안식일이 여전히 중요했으며, 많은 이들이 계속해서 (전통적인 유대인의 계산으로는 한 주간의 첫째 날이지만, 로마인의 계산으로는 아직 일곱째 날인) 안식일이 지난 저녁에 예배를 드렸다.

일요일 자체와 관련해서는 널찍하고 보통 아주 화려한 건물, 예배에 참여한 다양한 사람들의 상대적 중요성을 강조하는 예복, 회중이 부를 수 없는 음악을 노래하는 찬양대를 갖추고서 예배가 더욱 정교해졌다.

제3부

중세 시대

아우구스티누스가 앞 장 끝부분에서 인용한 글은 아마 415년 언저리에 썼을 것이다. 거의 같은 시기에 제자 파울루스 오로시우스가 아우구스티누스를 찾아온다. 오로시우스는 아우구스티누스의 《하나님의 도성》 일부분을 공동 작업한 사람이다. 오로시우스는 아우구스티누스를 만난 후 곧바로 사랑하는 고국 히스파니아(더 정확하게 말하면 현재 포르투갈 내에 있는 브라가)로 돌아왔고, 히스파니아뿐 아니라 서유럽 대부분이 게르만 '야만인'들에게 짓밟힌 것을 알게 되었다. 오로시우스는 7권짜리 《이교도에 반대하는 역사A History against the Pagans》를 마무리하고 있었는데, 삶과 저술을 마감하면서(오로시우스는 얼마 지나지 않아 세상을 떠났다) 오늘날 우리에게도 진한 감동을 주는 최종 평가를 적었다.

> 동방과 서방 구석구석까지 그리스도의 교회에 훈족과 수에비족, 반달족과 부르군트족, 또 다양하고 무수한 민족이 가득하게 되는 것이 야만인이 로마 국경 안으로 들어오게 된 유일한 이유였다면, 하나님의 자비하심을 찬양하고 찬미해야 한다. 그 사변이 아니었다면 절대로 얻지 못했을 진리를 참으로 많은 이들이 알았기 때문이다. 설령 우리가 해를 입으면서 일어난 일이라고 해도 말이다(《이교도에 반대하는 역사》 7.41).

오로시우스가 목격한 변화는 서유럽 전체를 휩쓸었고,

이제 북아프리카를 향해 나아가고 있었다. 오로시우스가 마지막으로 방문하고 나서 15년 정도 지난 430년 아우구스티누스가 죽음을 눈앞에 두고 누워 있었을 때, 반달족은 아우구스티누스가 있던 히포의 성문 바로 앞에 있었으며 곧 그 히포를 점령했다.

오로시우스가 히스파니아로 돌아오자마자 쓴 글은 당시 일어나고 있던 일을 탁월하게 정리했기에 주목할 만하다. (1) 오랫동안 제국의 국경 밖에 살던 민족에게 옛 로마 제국이 점령당했으며, (2) 이 침략자들은 심한 고통과 파괴를 초래했고, (3) 교회는 새로운 무리가 그들 안으로 들어오게 할 길을 찾아야 했기에 학습 교인이 잠시 생겨나게 되었으며, (4) 결국은 그 과정에서 새로운 교회와 더불어 현재 우리가 서구 문명이라고 일컫는 것이 등장했을 것이다.

오로시우스는 자신과 동떨어진 체험을 말하고 있지 않다. 오로시우스는 서기 375년경 당시 로마의 속주 갈라이키아에 있던 브라가에서 태어났다. 당시 브라가는 히스파니아에서 손꼽히게 큰 성 중 하나였으며 교회 생활의 중심지였다. 그러나 410년에 수에비족이 브라가를 점령하여 자기네 수도로 삼았다(로마도 이 해에 서고트족에게 약탈당했다). 오로시우스가 죽고 반세기가 지난 470년에는 히스파니아 대부분을 정복한 서고트족이 브라가도 점령했다. 수에비족과 서고트족 모두 아리우스파(즉 성자 하나님의 영원한 선재preexistence를 믿지 않는 기독교인들)였기 때문에, 이들의 히스파니아 정복은 그곳에 이미 있던 교회에 새로운 도전이 되었다.

이미 그 지역에서 살고 있던 사람들은 이 게르만족 침략자들이 로마 문명을 파괴하러 왔다고 봤을지 모르지만, 사실은 그렇지 않았다. 게르만족은 정복하고 지배하기 위해서 왔지만, 자기들이 흠모하던 문명을 배우고 그 문명에 적응하려 하기도 했다. 이러한 흔적은 많이 남아 있다. 서고트 왕 알라릭 2세는 로마를 유린하고서 1세기도 채 지나지 않은 506년에 《서고트인의 로마법 *Lex Romana Visigothorum*》으로 알려진 방대한 로마 법전을 반포했다. 이 법전은 알라릭 2세가 다스리던 지역의 이전 주민들에게만 적용하려던 것이었을 뿐, 서고트인들은 계속 자기네 법을 따르며 살아갔을 것이다. 589년에 서고트 왕 레카레드는 서고트 조상의 아리우스주의 신앙을 버리고 자신은 가톨릭 신자라고 선언했으며, 이웃 수에비족은 이미 그렇게 했다.

이러한 국면은 다른 게르만족 사이에서도 비슷하게 전개되면서 교회에 다방면으로 영향을 미쳤다. 그 영향 중 하나가, 아마도 모든 사람이 기독교인으로 추정되었기에 학습 폐지를 받아들인 후였지만 그 과정을 되살릴 필요가 있다고 생각한 사람들이 있었다는 사실이다. 그 한 예가 레카레드왕이 개종하고 70년 정도 지난 후에 톨레도 주교 힐데폰수스가 쓴 《세례 지식에 대해 *On the knowledge of Baptism*》라는 논문이다. 이 논문에서 제안하는 학습 과정은 콘스탄티누스 시대 이전에 존재하던 학습 과정과 상당히 비슷하다.

이러한 변화에 얽힌 이야기는 너무나 폭이 넓고 복잡해서 여기서 다 정리할 수가 없다. 사실상 그리스-로마가 게르만의 문화와 전통과 만나서 서구 문명이 태어났다고 해도 과언이 아니다. 그러나 우리가 계속해서 일요일의 역사를 살펴볼 때 이러한 새로운 환경과 새롭게 등장한 현실을 잊지 말아야 한다.

일요일의 새로운 경건 행위: 축제에서 장례로

10

그리스도의 희생 제사를 되살리는 성찬

게르만 침략 전 수세기 동안 서방의 라틴어권 기독교에는 자체의 뚜렷한 특성과 강조점이 있었다. 명료하게 하기 위해 아주 간략히 정리하자면, 동방에서는 '진정한 철학'으로서의 기독교에 강조점을 두는 경우도 있었지만(이것은 오랫동안 알렉산드리아에서 밀고 나가던 시각이다), 대체로는 악의 세력에 대한 그리스도의 승리에 강조점을 두었다고 말할 수 있다. 그 승리의 중심에 그리스도께서 죽은 자 가운데서 부활하심과 영광 중에 다시 오심이 있다. 보통 적어도 일요일마다, 또 위대한 부활의 일요일(우리가 현재 부활절이라고 부르는 일요일)에 성찬식에서 이 승리를 가장 기쁘게 기념한다.[1]

반면 서방에서 발전한 신앙과 신학은 법과 질서를 강조하는 면에서 로마의 영향을 많이 받았다. 서방 신학에서는 하나님을 주로 입법자와 재판관으로, 죄는 그 법을 어긴 것 때문에 하나님께 진 빚으로, 그리스도는 죄를 속하기 위한 희생 제물로 보았다. 그러면 구원은 그리스도의 공로나 인간의 공로, 혹은 가장 흔히는 이 둘을 결합하여 그와 같은 빚을 청산한 결과다. 그래서 서방에서는 비교적 초기부터 세례 후의 죄에 점점 더 관심을 기울였다. 세례 때 죄가 청산된다면, 세례 후에 지은 죄는 어떻게 해야 하는가? 교회는 철저한 고해 제도의 개발로 응답했고, 이 제도는 수세기 동안 점진적으로 발전하여 면벌부와 같은 관행으로 이어졌다.

그러나 이 모든 내용은, 이 발전이 일요일의 생활과 예배에 어떠한 영향을 미쳤느냐 하는 질문으로 한정되어야 하는 현재의 연구 범위에서 한참 벗어난다. 이러한 맥락에서 가장 중요하게 강조해야 할 점은, 성찬에 대한 관점이 그리스도의 승리 기념에서 그분의 희생 제사 되풀이로 더 어둡게 바뀌었다는 것이다.

성찬과 희생 제사 개념을 연결하는 것은 전혀 새로운 일이 아니었다. 사실상 이러한 연결은 일찍이 디다케에도 나온다. 디다케는 독자들에게 떡을 떼기 전에 "그대가 드리는 제사^{sacrifice}가 정결하도록" 죄를 고백하라고 가르친다(디다케 14.1). 이그나티오스, 유스티누스, 키프리아누스와 같은 콘스탄티누스 이전 인물의 글에도 이와 비슷한 표현이 나온다. 그러나 하나님에게 드리는 것은 무엇이든 다 '제사'이며, 여기에는 흔히 '우리의 제사'라고 불리는 기도도 포함된다는 사실에 주의해야 한다. 그러한 글 어디에도 성만찬에서 예수를 희생 제물로 지칭하지 않는다. 그럼에도 일찍이 예수를 '죽임 당하신 어린 양'으로 언급한 것은 분명 그분의 희생 제사를 잊지 않았다는 뜻이다. 그러나 그러한 초창기의 표현에서는 승리감이 희생 제사를 뒤덮었다. 그래서 아마도 성찬 때 낭독하기 위해 기록되었을 요한계시록에는 이러한 내용이 나온다.

> 죽임을 당하신 어린 양은 능력과 부와 지혜와 힘과 존귀와 영광과 찬송을 받으시기에 합당하도다.…보좌에 앉으신 이와 어린 양에게 찬송과 존귀와 영광과 권능을 세세토록 돌릴지어다(계 5:12-13).

우리가 살펴본 대로 한 주간의 첫째 날이 초기에는 예

수의 부활의 날이자 창조의 첫날이며 영원한 기쁨이 있는 여덟째 날이었다는 것으로 미루어 볼 때, 성찬에는 전반적으로 기뻐하고 감사하는 분위기가 퍼져 있었던 것이 분명하다. 그러나 폭력과 죽음이 더 흔해진 새로운 상황 가운데서, 또 어쩌면 여전히 피비린내 나는 제물을 흔하게 바치던 일부 게르만 침략자들의 종교 전통의 영향을 받아서, 성찬은 그리스도의 희생에 더욱 초점을 맞추는 경향을 보였으며, 성찬을 그러한 희생 제사를 피 없이 반복하는 일로, 결국은 엄숙하고 진지하게, 죄의식을 깊이 품고 다가가야 하는 일로 여기는 정도가 되었다.

이 책은 성찬의 이러한 발전을 간략하게라도 밝히기에 알맞지 않으므로, 대 그레고리오 교황(재임 590-604년)의 말을 아주 길게 인용하면 그 새로운 분위기를 묘사하는 데 충분할 것이다. 이 구절은 또한 그 무렵 연옥 교리는 물론 죽은 자들을 위해 미사를 올리는 관습도 확립되었음을 보여 준다. 그레고리오는 이렇게 말한다.

> 우리는 죽은 후에 다른 이들이 우리를 위해서 해 주었으면 하는 일[우리를 위해 미사를 드려 주는 일]을 우리가 아직 살아 있는 동안에 하는 편이 더 나으며 안전하다는 사실을

인지해야 한다. [연옥에서] 자유롭게 되기를 바라면서 옥에 갇혀 있기보다는 죄 없이 이 세상을 떠나는 편이 훨씬 더 복되다. 그러므로 우리는 잘해야 순간에 지나지 않는 일을 진심으로 거부하고 하나님께 매일 눈물의 제사를, 또 그분의 피와 살[성찬]의 제사를 드려야 한다. 성찬에는 우리를 영원한 저주에서 벗어나게 해 줄 특별한 능력이 있기 때문이다. 성찬은 하나님의 아들의 죽으심을 신비롭게 거듭 강조한다. 하나님의 아들은 죽은 자들 가운데서 살아나셨으므로 더는 죽지 않으시며 사망이 그분을 손에 넣지 못할 것이다. 그러나 하나님의 아들이 영원히 썩지 않고 살아 계심에도, 성찬의 신비 가운데 다시 희생 제물이 되신다. 성찬에서는 모든 이를 구원하시기 위한 그분의 몸을 받고 그분의 피를 나누기 때문이다. 성찬에서는 이제 하나님의 아들이 불신자들 때문에 그 피를 흘리시는 것이 아니라, 그 피가 신자들의 입에 부어진다. 그러므로 우리를 위해 정하셨고, 우리를 위해 명하셨으며, 하나님의 아들이 당하신 고난을 거듭 보여 주는 이 성찬의 성격을 깊이 생각해 보자.…

그러나 성찬을 행할 때 우리가 회개하며 우리 자신을 전능하신 하나님께 드리는 제물로 생각하는 것 역시 필요하다. 우리가 주의 고난의 신비를 기념하면서 그 고난을 본

받아야 하기 때문이다. 그렇게 자신을 제물로 드릴 때, 진정 우리는 하나님에게 제물이 될 것이다. 이와 같이 하나님의 은혜가 허락하는 대로 기도에 시간을 쏟은 후에는, 우리의 생각이 우리를 타락으로 이끌지 못하도록, 어떠한 어리석은 즐거움에도 마음을 빼앗기지 않도록 삼가 그분만 생각해야 한다. 그렇게 하지 않으면 그와 같은 덧없는 생각 때문에 영혼이 그 전에 회개하면서 얻은 것을 전부 잃어버리게 된다(《대화편 *Dialogue*》 4.58-59).

성찬식의 경이로운 기적

다름 아닌 바로 그리스도의 희생 제사라는 성찬에 참여함으로 생겨난 가슴 벅찬 경외감은, 성찬에 관한 또 다른 이해를 거치면서 훨씬 더 강렬해졌다. 아주 초기부터 기독교인들은 이 식사를 함께할 때 평범하지 않은 일이 일어난다고 느꼈다. 이 식사는 그리스도께서 친히 공동체에 임재하시는 자리였다. 이러한 임재는 이 기념 예식의 중심에 있는 떡과 포도주와 뚜렷이 연결되었지만, 초대교회에서는 그러한 임재가 어떻게 일어나는지, 혹은 신자들이 떡을 떼려고 모였을 때 그리스도께서 정확하게 어떤 방법으로 임재하시는지 설명하려고 한 적이 전혀 없다. 더욱이 고린도전서 11장과 같은 초기 문헌 대다수는, 떡과 포도주가 아닌 이 공동 식사를 하려고 모인, 그리스도의 몸인 공동체에 초점을 맞추고 있다.

이제 성찬에 참석하는 이들이 교회에 들어오기로 결심한, 사회 전체에서 소수에 해당하는 사람들이 아니라 사실상 지역 사회의 모든 사람이 되자, 초점이 공동체에서 떡과 포도주로 이동했다. 사람들이 이제는 하나의 공동체로서 떡과 포도주를 나누기 위해서가 아니라, 오히려 기적이 일어나는 것을 목격하기 위해서, 그 기적을 통해서 복을 받기 위해서 교회에 다녔다. 단순히 교회에 다니기만 해도 이미 복을 받았기에 이제는 성찬의 혜택을 받으려고 성찬에 참여할 필요가 없을 정도가 되었다.

이러한 맥락 안에서 그 기념 예식의 기적이 떡과 포도주에 있다는 의식이 점점 강해졌으며, 어떻게 하다 보니 떡과 포도주는 그리스도의 몸과 피가 되었다. 이러한 일이 진행되는 데는 수세기가 걸렸다. 그러나 다시 말하지만, 이 장은 그러한 발전을 추적하여 밝히는 자리가 아니라 그 발전에 주의를 환기시키고 그러한 발전이 일요일 준수와 그 의미에 어떤 의의가 있는지를 보여 주는 자리다.

이 점과 관련하여 흔히 그렇듯이 예배에서 대중의 신앙심과 경험은 신학적 발전보다 앞섰으며, 사실상 신학적 발전 대부분은 사람들이 오랫동안 믿고 실행해 온 바를 정교하게 표현한 것이다. 우리가 화체설이라고 알고 있는 교리는 1215년이 되어서야 신조로 선포된다. 1215년 제4차 라테란 공의회에서는 "예수 그리스도의 몸과 피가 떡과 포도주라는 겉모양 아래[sub specibus] 제단의 성체에 실제로 들어 있으며, 하나님의 능력으로 떡이 몸으로, 포도주가 피로 변한다"[2]고 선포했다.

그러나 라테란 공의회 훨씬 전부터 전반적인 여론은 화체설 방향으로 흘러가고 있었으며, 9세기 무렵에는 화체설이라는 정확한 용어는 사용하지 않지만 결국은 같은 내용인 신학 표현이 이미 있었다. 그 표현은 할버슈타트의 하이모가 쓴 글에 나온다.

> 사제의 신비로운 의식과 은혜의 작용을 통해 제단에 놓인 떡과 포도주의 실체가 그리스도의 몸과 피가 되며, 하나님이 신적 은혜와 비밀스러운 능력을 통해 그렇게 하신다는 것을 신자가 마음으로 조금이라도 의심한다면 그 의심

이 바로 악마의 광기다. 그러므로 이미 말했듯이 우리는 하나님의 능력에 의해 떡과 포도주의 실체가 사실상 또 다른 실체, 즉 살과 피로 변한다는 것을 믿고 신실하게 고백하고 받아들인다. 전능하신 하나님이 어떠한 피조물이든 그 뜻대로 완전히 변화시키시는 일은, 피조물이 아직 존재하지 않던 때에 그 뜻에 따라 무無에서의 피조물 창조가 불가능하지 않았던 것과 마찬가지로 불가능한 일이 아니기 때문이다. 하나님이 무에서 유를 만들어 내실 수 있다면, 유에서 유를 만들어 내는 일은 불가능하지 않기 때문이다. 그러므로 눈에 보이지 않는 사제이신 그분이 눈에 보이는 피조물의 실체를 신비한 능력을 통해 자신의 살과 피로 변화시키신다. 그러나 그 실체의 성격은 완전히 그리스도의 몸과 피로 변했지만, 먹고 마시는 기적 가운데서 그 몸과 피의 맛과 겉모양은 여전히 떡과 포도주다.[3]

라테란 공의회에서 선포하기도 전인 9세기 이후로 그 밖의 의견은 모두 의심을 받았으며 보통은 금지되었다. 그 중에서 1079년 투르의 베렌가리우스가 교황 그레고리오 7세의 강요에 못 이겨 이전의 신념을 공식 철회하고 다음과 같이 선포한 사건은 가장 유명하다.

나 베렌가리우스는 제단에 놓인 떡과 포도주가, 우리를 구속하신 주님의 거룩한 기도와 말씀에 의하여, 진정한 생명을 주시는 우리 주 예수 그리스도의 몸과 피로 실체가 바뀐다는 것을 마음으로 믿으며 입으로 고백한다. 그것은 동정녀에게서 나시고 세상의 구원을 위해 십자가에 달리셨으며 지금 하나님 아버지의 우편에 앉아 계신 그분의 몸과 피다.…나는 이것을 믿으며, 더는 이 믿음을 거슬러 가르치지 않겠다.[4)]

이와 같은 발언은 여러 세대에 걸쳐 신자들이 떡과 포도주가 사실상, 또 완전히 정말로 그리스도의 몸과 피가 된다고 굳게 믿은 결과였다. 이들을 확신시킨 것은 신학적 논거보다는 유례를 찾을 수 없는 드라마의 일부가 된 체험이었으며, 또 성찬의 기적과 관련해서 돌던 다양한 이야기였다. 이러한 이야기 중 상당수는 불신자 혹은 종종 유대인이 거룩하게 된 떡•에서 피가 흐르는 것을 보고 충격을 받아서 개종하는 흐름으로 전개되었다. 중세 시대 초기에 가장 유명한 이야기는 8세기에 동방 교회 수도사 하나가 이탈리아 란차노에 있을 때 무교병으로 성찬식을 하는 데 의혹을 품은 이야기다. 그 무렵 서방 교회에서는 무교병을 사용하는 관습이 있었던 반면 동방 교회에서는 유교병을 사용했었다. 이 수도사는 그와 같은 무교병 성찬에는 효력이 없으리라 우려했으나, 떡이 살로 변하고 포도주가 피로 변하는 것을 목격하고서는 자기 잘못을 수긍했다고 한다.

보통 이와 같은 기적 이야기는 떡과 포도주의 변화를 증명하기 위해서는 물론이고 성찬에 구원의 효력이 있음을 증명하기 위해서도 제시되었다. 그러한 기적들 중에서 교황 대 그레고리오가 들려 준 기적이 가장 유명하다. 그레고리오의 이야기에 따르면, 그가 (교황이 되기 전에) 로마의 수도원 원장으로 있었을 때 유스투스라는 수도사가 청빈의 법을 어긴 적이 있었다. 그레고리오는 그 죄로 인해 유스투스를 파문했고, 유스투스가 죽자 수도원 바깥에 있는 구덩이에 묻게 했다. 그러나 당시 그레고리오는 측은지심을 느껴서 유스투스의 영혼을 위해 서른 번의 미사를 드리도록 명령했다. 미사 기간이 끝날 무렵 유스투스가 한

• 거룩하게 된 떡consecrated host에서 host는 성찬식의 떡(빵)을 가리키며, consecrated host는 라틴어 *hostia consecrata*의 영어 번역으로 가톨릭에서는 이를 '축성된 제병', '성체'라고 부른다. 이 책에서는 consecrate host를 '거룩하게 된 떡'으로 옮긴다.

형제에게 나타나서는 자기는 연옥에서 풀려났기에 이제 행복하다고 분명하게 말했다고 한다(《대화편》 4.57).

이 구체적인 이야기는 그레고리오가 직접 들려 준 반면, 그레고리오에 대한 또 다른 이야기는 그레고리오의 전기를 쓴 부제 파울의 글에 나온다. 그 이야기에 따르면, 그레고리오가 성찬식을 거행하고 있었을 때 그 떡을 준비한 여인이 자기가 만든 떡이 그리스도의 몸과 피가 된다는 것을 믿을 수 없다며 웃는 것을 보았다. 그레고리오는 그 여인에게 떡을 주는 것을 거부하고 그 여인이 확신하도록 기도했다. 바로 그때 여인이 준비한 떡이 살과 피로 변했고, 여인은 (당연히!) 자신의 과오를 수긍하고 회개했다.

성찬에 대한 두려움 잠재우기

성찬을 이해하는 이러한 두 가지 주요한 발전, 즉 성찬이 그리스도의 희생 제사를 피 없이 반복하는 것이며, 또 성찬에서 떡과 포도주가 정말로 그리스도의 몸과 피가 된다는 것 때문에 일요일 예배 분위기가 근본적으로 변했다.

그때까지는 모든 악의 권세를 이기신 그리스도의 승리, 또 그러하기에 그분을 따르는 이들의 승리를 기뻐하는 의식이던 예배가, 이제는 두려움을 불러일으키는 일이 되었다. 사람들은 어쩌다가 떡과 포도주를 더럽혀서 지옥으로 떨어지는 일이 무서워서 성찬을 받지 않으려 했다.

결국 이것은 떡 자체의 변화는 물론이고 떡과 포도주를 받는 방식의 변화로 이어졌다. 고대에는 성찬에 쓰이는 떡의 종류에 대해서는 아무 논의도 없었던 듯하다. 무교병 사용에 의문을 제기하는 이들이 제시하는 가장 오래된(복음서는 제쳐 두고) 문헌은 2세기에 등장하며, 당시 순교자 유스티누스는 "평범한 떡이나 음료"를 이야기했다(《변증》 66.2; 이레나이우스의 《이단 논박 Against Heresies》 4.18도 보라). 그러나 유스티누스 시대와 상황에서 무엇이 '평범한 떡'이었는지 밝히기가 불가능하므로 이 문헌은 증거가 되지 못한다.

아마도 아득한 옛날부터 무교병을 사용하는 교회도 있었고, 유교병을 사용하는 교회도 있었다는 것이 사실인 듯하다. 11세기가 되어서야 떡의 종류에 관한 논란이 일어났으며, 당시 동방 교회와 서방 교회가 점점 사이가 멀어지면서 결국은 분열로 끝이 났다(1054년). 분열의 주된

원인은 복잡한 정치 현실이었지만, 곧 양편 모두 신학적 이유를 들어 분열을 정당화하기 시작했다. 그 중 하나가 서방 교회는 무교병을 사용하지만 동방 교회는 유교병을 사용한다는 이유였다.

라틴어를 사용하는 서방 교회가 언제부터 결국 성찬의 떡이 된 무교병만 사용하기 시작했는지는 분명치 않다. 무교병에 대한 최초의 확실한 언급은 8세기 초 가경자可敬者, Venerable 베다Bede• 의 글에 나온다(《누가복음 강해*In Lucae Evangelium exposito*》6,12).[5] 카롤링거 르네상스 시대인 9세기 무렵에는 무교병 사용 관습이 확실히 정착된 듯하다.[6]

1054년 분열 이후 서방 신학자들은 무교병 사용에 대해 신학과 성경과 교부들에게서 확증을 찾으려 했지만, 그와 같은 무교병 사용은(아주 오래 전에는 아마 일부 지역에서 사용했겠지만) 부분적으로는 적어도 떡을 보여 주는 방식으

• '가경자 비드'라고 불리기도 한다. 라틴명은 베다 베네라빌리스*Beda Venerabilis*다. 가경자Venerable는 옛날 유럽에서 주교나 대수도원장 등에게 붙이던 경칭이었으며, 사후에 처음으로 이 칭호로 받은 사람이 바로 이 베다로 그 지혜와 학문을 높이 인정한다는 의미에서 '존엄한 자Venerable'라는 칭호를 받았다. 이 칭호는 853년 아헨Aachen 교회 회의에서 공식화되었다. 이후 가경자라는 명칭을 영적인 공덕을 지니고 있는 성직자나 평신도 등에게 붙였다. 가톨릭에서는 "시복 심사 중에 영웅적 성덕이나 순교 사실이 인정되는 '하느님의 종'에게 교황청 시성성에서 부여하는 존칭이다"[《천주교 용어집》(서울: CBCK, 2017), 9].

로 인해 일반적인 관습이 된 듯하다. 함께 나눌 떡 덩어리는 부서지기 쉬웠고, 그러면 거룩하게 된 떡의 부스러기가 바닥에 떨어져서 더럽혀지지 않게 하기가 힘들었다. 이 일은 양심에 상당한 부담이 되었을 것이며 피해야 하는 일이었다. 그래서 부서지지 않는 '떡'인 성찬 떡 즉 제병wafer이 쓰이기 시작했다. 거룩하게 된 제병은 성스러우며 두려움을 일으키는 것이었다. 이 점을 보여 주기 위해 12세기에 프랑스에서는 거룩하게 하는 순간에 떡을 높이 들어 올리는 관습이 생겨서 곧 서방 교회에 널리 퍼졌다.

그렇지만 떡이 부서지거나 조각이 바닥에 떨어질 가능성은 여전히 있었다. 로사리오 데이 콘티 디 세그니는, 장차 역사상 가장 강한 권력을 휘두른 교황이자 1215년 제4차 라테란 공의회를 통해 화체설을 교회의 공식 신조로 제정할 인노켄티우스 3세가 된 인물이었다. 교황으로 선출되기 직전에 인노켄티우스는, 성찬 떡 조각이 바닥에 떨어져서 그것을 쥐가 먹어 버린다면 어떤 일이 일어날지 자문해 보았다. 성찬 떡이 경외심을 일으키는 그리스도의 임재의 실체임을 이해하지 못하는 이들에게는 그것이 쓸모없거나 우스꽝스럽기까지 할 추론으로 보일 것이다. 그러나 인노켄티우스 시대 사람들에게는 그렇지 않았다.

10. 일요일의 새로운 경건 행위: 축제에서 장례로

인노켄티우스 3세는 일찍이 피터 롬바드가 제기한 질문을 다루고 있었다. 피터 롬바드는 동물이 그리스도의 몸을 먹지는 않겠지만 그 일을 어떻게 설명해야 할지 모르겠다고 말했었다. 인노켄티우스와 초기 프란체스코회 신학자들은 그 떡이 어떻게든 더 이상 그리스도의 몸이 아니게 된다고 말하곤 했다. 결국 토마스 아퀴나스의 의견이 가장 일반적으로 받아들이는 의견이 되었다. "쥐나 개가 거룩하게 된 떡을 먹어도, 그 떡이 떡으로서의 우유성 accidents*을 지니고 있는 동안에는 그리스도의 몸의 실체가 여전히 그 떡 안에 있다. 거룩하게 된 떡이 진흙에 내던져진 경우에도 마찬가지다. 이 중 무엇도 그리스도의 몸의 존귀함을 저해하지 않는다. 그리스도께서는 존귀함을 잃지 않으신 채로 죄인들을 위해 선뜻 십자가에 달리셨다"(《신학대전 Summa theologica》 3, q. 80, a.3).

성찬 떡의 거룩함에 대한 이러한 견해는 성찬 떡을 얼마나 자주 받을지, 아니 오히려 얼마나 드물게 받을지에

---

* 사물이 지닌 성질에는 그 성질이 없어지면 사물 자체도 스스로의 존재를 잃어버리는 것과, 어떤 성질을 제거해도 그 사물의 존재에는 영향을 주지 않는 것이 있다. 후자의 성질을 가리켜 우유성偶有性, accident 또는 우성偶性이라고 한다. 즉 사물의 비본질적인 성질을 가리키는 말이다[참고. 네이버 지식백과 "우유성"(《철학사전》, 중원문화, 2009)].

영향을 미쳤을 뿐 아니라, 떡을 받는 방식에도 영향을 주었다. 4세기 말 예루살렘의 키릴로스는 오른손을 왼손 위에 겹쳐 올려놓고 오실 왕을 위한 일종의 보좌를 만들어 성찬을 받고 바닥에 떨어뜨리지 않으려고 조심하는 사람들을 언급했다. 금 조각을 받고 나서 그 중 일부를 떨어뜨리는 것보다는 성찬을 놓치는 것이 더 손해가 막심하기 때문이다(《교리 문답 강의 Catechetical Lectures》 23.21). 그런데 떡이 점점 더 경외할 만한 것이 되자 떡을 받는 사람의 혀 위에 떡을 바로 얹어 주는 관습이 더 흔해졌다. 그리고 처음에는 한 조각도 바닥에 떨어지지 않게 하려는 것이 관건인 듯했지만, 결국은 거룩하게 된 떡은 너무도 거룩해서 평신도는 그 떡을 만질 자격이 없다는 것이 관건이 되었다. 그래서 13세기에 토마스 아퀴나스는 이렇게 적었다.

> 사제가 그리스도의 몸을 관리하는 이유는 세 가지다. 첫째,…그리스도께서 만찬에서 자신의 몸을 거룩하게 하신 후에 그것을 다른 이들에게 나누어 주셨듯이, 사제 역시 그리스도의 몸을 거룩하게 하고 나누어 주어야 하기 때문이다. 둘째, 사제는 하나님과 백성 사이의 중재자이기 때문이다.…셋째, 성찬에 경의를 표하려면 거룩하게 되지 않은 것

은 아무것도 성찬에 닿지 않게 해야 하기 때문이다. 성찬포와 잔은 거룩하게 되었으므로, 이 역시 사제가 맡는다. 그러므로 성찬의 떡이 바닥에 떨어졌거나 그와 유사한 경우처럼 필요한 경우가 아니면 다른 사람은 아무도 성찬의 떡을 만질 수 없다《신학대전》3, q. 82, a. 3).

토마스 아퀴나스는 교황 우르바노 4세가 성체축일Corpus Christi을 제정한 때와 거의 같은 시기에 이 글을 썼다(1264년). 이 축일은 목요일에 기념하기 때문에 우리가 다루는 주제와는 별로 관련이 없지만, 이 축일 제정 자체가 거룩하게 된 떡을 둘러싼 열렬한 신앙심의 표지다.

포도주의 경우에도 비슷한 일이 일어났다. 신앙심에서 우러나온 변화가 포도주 자체가 아니라 포도주를 받는, 혹은 받지 않는 방식에서 일어나기는 했지만 말이다. 오랫동안 성찬용 잔은 흙이나 나무나 금속 같은 주변에서 구할 수 있는 재료로 만들었다. 콘스탄티누스 시대 직후 큰 교회들에서는 이 '거룩한 그릇'을 금이나 은으로 만드는 일이 흔해졌지만, 반드시 그렇게 만들어야 하는 것은 아니었고, 가난한 교회들에게는 그렇게 하도록 기대하지도 않았다. 그러나 세월이 흐르면서 금속으로, 가능하면

금이나 은으로 만든 잔을 사용하는 관행이 생겼다. 이는 부분적으로는 그 잔에서 일어나는 일에 경의를 표하는 방식이면서도, 기독교 예배가 점차 화려해지던 상황과도 밀접한 연관이 있다. 그러나 잔에 담긴 포도주가 그리스도의 피가 되었으므로 마지막 한 방울까지 마셔야 하며 흙이나 나무같이 흡수성이 높은 재료 속에서 마르도록 남겨두어서는 안 된다는 생각이 점차 커진 결과이기도 했다.

이러한 관행에 반대하는 목소리도 더러 있었다. 흔히 '게르만족의 사도'로 불리는 마인츠의 보니파시오의 재치 있는 말이 유명하다. "과거에는 황금 사제들이 나무잔을 사용하여 기념했고, 지금은 나무 사제들이 황금잔을 사용하여 기념한다"[895년 (마인츠 근교) 트레부르 교회 회의 결의서에서 인용]. 그러나 이러한 반대에도 불구하고 거룩한 피를 절대 흡수하지 않을 금이나 은으로 잔을 만들어야 한다는 것이 이내 통칙이 되었다.

앞서 살펴본 것처럼 떡을 신자의 혀 위에 올려 주는 관습으로 이어진 비슷한 이유 때문에, 평신도에게 떡만 주고 잔은 주지 않는 추세가 있었다. 포도주는 흘리거나 수염에 묻기 쉬웠기 때문이다. 역사가들이 이러한 발전을 말하면서 흔히 평신도에게 잔을 '주지 않은' 일을 말하지만, 초기에는 성직자가 잔을 주지 않았다기보다는 평신도가 잔을 거부하는 일이 일어난 듯하다. 일찍이 5세기에 그런 경우가 있었던 것으로 보인다. 그에 관해 교황 겔라시우스는 이렇게 말했다. "몇몇 사람이 그리스도의 거룩한 몸만 받고 잔은 받지 않는 모습이 눈에 띄었다. 이들이 어떤 미신을 믿는지는 모르겠지만, 성찬 전체를 받든지 아니면 아예 하나도 받지 않든지 해야 한다"(《서신Epistle》 37. 마요리쿠스와 요한에게).

오랫동안 예외적인 상황에서는 보통 떡으로만 성찬을 했다. 이를테면 아파서 성찬에 참여할 수 없는 사람들은 자기들에게 떡을 가져오게 하곤 했다. 그러나 예배 자체에서는 일반적으로 떡과 포도주 둘 다 나누리라 예상했다. 이 문제에 대해서는 13세기에도 여전히 논의되고 있었으며, 당시 토마스 아퀴나스는 두 종류, 즉 떡과 포도주로 하는 성찬을 선호하면서도 예외는 인정한다.

> 이러한 성찬 사용과 관련하여 문제를 두 가지 관점에서 살펴보아야 한다. 성찬 자체의 관점에서는 몸과 피, 이 둘이 있어야 완전하므로 둘 다 받는 것이 타당하다. 그러므로 성찬을 거룩하게 하고 마무리 짓는 사제는 그리스도의 피 없

이 몸만 받아서는 안 된다. 그러나 성찬을 받는 이들의 관점에서는, 그와 같은 신비를 욕되게 할 일이 절대 일어나지 않도록 깊이 경외하는 마음과 주의가 필요하다. 아마도 피의 경우에 그러해야 할 것이다. 피는 조심 없이 받으면 쏟트리기 쉽기 때문이다. 그리고 하나님의 백성 가운데 노인과 어린이와 유아의 수가 점점 늘어나고 있으며, 이들 중에는 성찬을 받을 때 당연히 조심해야 한다는 사실을 제대로 이해하지 못한 이들이 많기 때문에, 피를 사람들에게는 주지 않고 사제만 받는 교회가 더러 있다(《신학대전》3, q. 80, a. 12).

그러나 이 점에 관한 한 토마스 아퀴나스의 의견이 우세하지는 않았을 것이다. 토마스 아퀴나스가 세상을 떠나고 몇 년 후, 오랫동안 아퀴나스와 다툼을 벌인 인물이자 이제 캔터베리의 대주교가 된 존 펙캄이 램버스에서 교회 회의를 주재했다(1281년). 이 회의에서는 평신도는 거룩하게 하지 않은 포도주만 받고, 거룩하게 한 잔은 사제만 마시라는 명령을 내렸다.[7] 다른 신학자들과 교회 회의도 계속 이 사안에 관한 법을 제정하여, 14세기 무렵 서방 교회에서는 평신도에게 잔을 주지 않는 것이 보편적 관습이 되었다. 이와 달리 동방 교회에서는 평신도에게 계속 떡과 포도주 둘 다 제공했다.

15세기 초엽에는 평신도에게 잔을 주지 않는 관습이 어찌나 뿌리깊이 자리를 잡았는지, 얀 후스가 콘스탄츠 공의회에 소환되어 정죄 받은 '이단 신앙' 중 하나가, 평신도가 두 가지 성찬에 모두 참여해야 한다는 주장이었을 정도다. 후스가 죽은 후 보헤미아에서 후스를 따르던 이들이 자기들을 대적하여 파견된 여러 십자군에 맞서 기꺼이 싸운 쟁점 중 하나는, 잔을 다시 찾을 권리, 즉 '양쪽'을 뜻하는 단어에서 유래한 **양형론**兩形論, Utraquism이라고 불리는 주장이었다.

참여에서 참석으로

이 모든 일의 결과는, 그레고리 딕스가 초기 기독교 예배의 특징으로 언급한 '직접적인' 성격의 상실이었다. 기독교 예배의 중심 활동인 성찬 즉 주의 만찬이, 모든 이들이 참여하는 예식이 아니라 사실상 극소수만 떡과 포도주에 참여하고 나머지는 단순히 출석하는 것으로 하나님에게 가까워지리라 기대하는 신비한 구경거리가 되었다.

고대가 끝난 직후인 506년 무렵, 앞서 언급한 아그드 교회 회의에서는, 모든 기독교인은 미사에 참석할 의무가 있다고 확정지으면서 동시에 적어도 일 년에 세 번, 부활절과 오순절과 성탄절에 성찬에 참여하라고 말했다. 이것은 일요일 예배가 이제는, 모여서 떡과 포도주를 나누는 신앙 공동체의 일부가 되는 데 초점이 있는 것이 아니라 그저 미사에 출석하는 데만 집중하고 있었음을 분명히 보여 준다.

7세기가 흐른 후 제4차 라테란 공의회에서는 분별 연령*이 된 사람은 모두 일 년에 최소 한 번, 부활절에는 성찬을 받을 의무가 있다고 결정하는 지경에 이르렀다. "분별 연령이 된 후 모든 신자는 남녀를 불문하고 일 년에 적어도 한 번은 사제 앞에서 자기 죄를 고백해야 하며, 최선을 다해 보속penance을 이행하고, 그러고 나서 사제에게서 성찬에 참여하지 말라는 권고를 받지 않았다면 적어도 부활절[파스카]에는 성찬을 받아야 한다. 그렇게 하지 않으

---

* age of discretion. 가톨릭에서는 만 7세를 선악을 분별할 수 있는 분별 연령이라고 본다.

면 평생 교회와 관계가 끊어질 것이며 기독교식 장례도 치르지 못할 것이다."[8]

고대에는 기쁘게 누리던 특권이 이제는 파문당할 두려움 때문에 억지로 하는 의무가 되었다. 이론상, 또 어느 정도는 실제로 일요일은 예수의 부활을 기념하는 기쁨의 날이었다. 그래서 사순절을 계산할 때 일요일은 제외했다. 그러나 예배에서 시행되는 행위들과 일요일을 해석한 방식은 예수의 부활 기념보다는 수난일에 더 어울리는 듯이 보인다.

중세에 성찬을 공적을 쌓는 희생 제사로 이해하고 신자들의 공동체보다는 떡과 포도주에 집중한 또 다른 결과는, 사제 자신을 위해서 또는 아주 흔하게는 그 미사 비용을 대는 후원자를 위해서 독송 미사Private Mass를 올리는 관습이었다. 다시 한 번 말하자면, 성찬에 참여하는 것이나 출석이라도 하는 것이 아니라 그저 성찬을 거행하는 것이 중요했다는 것이다.

기도하고 노는 날

11

쉼과 관련하여 계속된 입법

주의 날에 금지되는 활동에 대한 고대 말엽의 입법은, 중세 내내 황제들, 왕들, 교회 당국의 칙령 반포를 통해 계속 이어졌다. 중세 내내 제국이 존속했던 동방에서는 주의 날에 대한 황제의 칙령이 끝이 없을 듯이 이어졌다. 469년에 황제 레오 1세와 안테미우스*는 일요일 준수와 관련하여 뒤이어 등장한 입법 대부분을 요약했다고 해도 무리가 없을 칙령을 공표한다.

　우리는 영원히 존귀한 주의 날을 다음과 같은 방법으로 귀

---

* 당시 레오 1세는 동로마 제국을, 안테미우스는 서로마 제국을 다스리던 황제다.

하게 여길 것을 선포한다. 누구든 기소를 당하지 않는다. 아무에게도 징계를 가하지 않는다. 보석금도 전혀 징수하지 않는다. 법률 문서 발부를 중단한다. 법정에서 변론이 들리지 않게 한다. 이날에는 법정에서 어떠한 재판도 열지 않으며 불시에 재판 소식을 외쳐 알리는 소리도 내지 않는다. 소송 당사자들은 논쟁을 멈추고 숨을 고르고 잠시 싸움을 중지한다. 서로 두려움 없이 적에게 다가가고 상호 간에 참회할 마음을 먹으며, 공동 서약을 맺고, 협정을 논의한다.

그러나 경건한 날에 이러한 활동을 쉬는 동안 아무도 음란한 쾌락에 가담해서는 안 된다. 주의 날에는 연극 무대나 서커스 경연, 눈물을 자아내는 동물쇼는 없어야 한다.[1]

이 칙령이 529년 유스티니아누스 법전Codex Justinianus에 차용되어서 그때부터 로마법의 기본이 되었으며, 비잔틴 제국은 물론이고 서방에서도 군주들이 일반적으로 이 칙령을 받아들이고 지지했다. 더욱이 당시 유럽 서쪽에서 가장 강력한 군주였던 알라릭 2세는 유스티니아누스보다 훨씬 먼저 《서고트인의 로마법》을 반포했는데, 여기에는 일요일 준수와 관련하여 앞선 황제들이 반포한 칙령 대부분이 담겨 있었다. 또 그 내용은 유럽 서쪽 전역의 다른 왕과 황제들의 칙령에서도 거듭 되풀이되었다.

이 기간에 비교적 새로운 일이 두 가지 일어났다. 하나는 교회 제정법이 교회 문제는 물론이고 일반 사람들에 대해서도 권위를 주장하는 쪽으로 발전한 것이다. 또 하나는 시민법과 교회법이 적어도 이론상으로는 상당히 겹치고 일치하게 된 것이다. 이 사실은 주의 날과 관련한 시민법뿐 아니라 교회법에서도 극명하게 나타난다.

한 지역을 예로 들어 보면, 5세기 후반 프랑크 왕국의 킬데리크왕은 일요일에는 불가피하게 음식을 준비하는 일 외에는 아무 일도 허락되지 않는다는 칙령을 반포했다. 787년 마인츠의 보니파시오(금으로 만든 성찬 잔에 대한 재치 있는 말을 한 사람)가 주재한 교회 회의에서는 일요일에 땅을 갈다가 적발된 사람은 (보통 우측에 있는 소가 함께 쟁기질하는 소를 이끄는 소였을 것이기에) 우측 소를 압수당한다고 명했다(마인츠 교회 회의, 교회법 23조). 827년에 경건왕 루이Louis the Pious는 아버지 샤를마뉴의 칙령을 재단언했다.

> 우리는 하나님의 율법에 의거하여, 또 돌아가신 우리 아버지의 칙령에 의거하여, 일요일에는 어떠한 육체 노동도 하지 말 것을 명한다. 즉 아무도 시골 일을 하거나, 포도나무

를 손질하거나, 밭을 갈거나, 옥수수를 거두고 꿀을 베거나, 산울타리를 심거나 나무울타리를 치거나, 나무를 베거나, 채석장에서 일하거나 집을 지어서는 안 된다. 또 정원에서 일하거나, 법정에 나오거나, 사냥감을 뒤쫓아서도 안 된다. 다만 일요일에 해도 합법인 운송 일이 셋 있으니, 정확히 말하자면 군대를 위한 운송업, 음식 나르기, (필요한 경우에) 주인의 육신을 무덤으로 옮기는 일이다. 마찬가지로, 여인들은 옷감을 짜거나, 천을 제단하거나, 바느질을 하여 천을 꿰매거나, 양털을 깎아서는 안 된다. 이는 주의 날에 쉼을 누리기 위해서다. 오직 사방에서 모든 이들이 함께 교회에 미사를 보러 가게 하고, 하나님이 주의 날에 우리를 위해서 행하신 모든 선한 일을 찬양하게 하라![2]

보니파시오보다 2세기 전인 589년에 마인츠보다 더 서쪽 지역이며 당시 서고트 왕국에 속해 있던 나르본^{Narbonne}에서 열린 한 교회 회의에서도 비슷한 법령을 선포했다, "귀족이든 농노든, 고트인이든 시리아인이든, 그리스인이든 유대인이든 일요일에는 아무 일도 하지 못하게 하라. 다른 곳으로 이동할 필요가 없다면 소에게 멍에를 씌우지 못하게 하라. 누구든 감히 이러한 일을 한다면, 귀족인 경우에는 일금 100솔디*를 시市 법원에 내게 하라. 그리고 농노인 경우에는 태형 100대에 처한다"(나르본 교회 회의, 교회법 4조).3)

훨씬 후대인 1092년, 나르본보다 훨씬 동쪽의 헝가리에서 라디슬라우스왕이 소집한 교회 회의에서는 이렇게 명령했다.

> 평신도가 일요일이나 그 외 다른 절기에 사냥을 한다면 그 벌로 말이나 소 한 마리를 빼앗길 것이다. 사냥을 한 사람이 성직자라면 회개할 때까지 직무가 정지된다. 누구든지 주의 날에 매매를 한 사람은 말 한 마리를 빼앗기는 벌을 받는다. 가게 주인이 가게를 열었다면 그 가게를 허물어버리라는 명령을 받거나 최소 50파운드를 내야 한다. 마지막으로, 일요일에 일한 유대인은 사용한 도구를 빼앗길 것이다.4)

그 외 중세의 일요일 관련 법령에서는, 일찍이 외설적

---

* soldo(복수형 soldi)는 중세 이탈리아 은화다. 중세 시대에 군인들 급료를 지불하기 위해 만든 은화라서 솔도라는 이름이 붙었다고 추정하며, 20솔디는 1리라에 해당한다.

이거나 그렇지 않으면 적절치 못한 행동이 계속되는 것을 염려한 내용이 보인다. 새로운 것이 있다면 예전 법령에서는 쉬는 날을 공표하며 소송 제기와 같은 몇 가지 활동만 금했다면, 이제 쉼은 필수이며, 금지 활동 목록이 점점 길어지고, 옮겨도 되는 것과 옮겨서는 안 되는 것을 명시하는 등 금지 활동을 신중하게 규정한다. 이러한 법령을 톺아볼 때 가장 인상적인 대목은 어떤 종류의 일이 합법인지 금지인지를 논하고 규정하는 방식이, 이에 상응하는 유대교 율법학자들의 안식일 토론과 매우 유사하다는 사실이다. 이는 몇 년이 흐른 후에 더 뚜렷해질 변화, 즉 일요일이 결국은 기독교의 안식일이 되는 변화를 가장 처음으로 암시하는 대목이다. 그러는 동안에도 한 주간의 일곱째 날은 여전히 사바툼^{sabbatum}으로 불렸다. 그러나 시민법이나 교회법 모두 안식일을 금식은 하지만 쉬지는 않는 날로 규정했다.

이러한 법 제정에는 반유대주의적 편견 또한 눈에 띈다. 유대인은 안식일에 일을 하든지 안 하든지 자유로이 정할 수 있지만, 일요일에는 절대로 일을 하면 안 된다. 그러자 기독교의 주일이 유대교의 안식일, 즉 쉬는 날과 점점 더 비슷해지면서, 안식일(사바툼)과 주의 날(도미니카)의 차이는 한 주간의 어느 날을 지키느냐로만 규정되는 경향이 있다는 느낌이 생겼고, 주일을 지키는 일이 유대교와 비교하여 기독교 정통성의 표지가 되었다. 지금도 안식일이라는 이름이 여전히 일곱째 날에 붙어 있기는 하지만, (안식일이라는 이름을 사용하지는 않더라도) 주일이 기독교의 안식일이 되었다. 게다가 '안식일을 지키다'라는 의미의 사바티자레sabbatizare라는 동사를, 어떤 때는 유대교의 안식일 준수를 지칭하며 경멸하는 투로 사용하고, 어떤 때는 단순히 쉰다는 의미로, 더 구체적으로는 종교적인 이유에서 쉰다는 의미로 사용한다.

이상적 목표: 기도하는 날

이러한 법 대부분이 쉼을 의무로서 강조한 반면, 수도원 전통 내부에서는 다소 다른 흐름이 있었다. 수도원에서도 주의 날은 쉬는 날이었다. 그러나 대부분의 수도원 전통에서 쉼의 목적은 단순히 여가를 누리기보다는 하루를 온전히 기도와 묵상과 신앙 서적 읽기에 쏟는 것이었다. 세속 사회와 교회 당국이 일요일에 용납되는 일의 종류를 더욱더 엄중하게 규정하고 있었을 때, 베네딕트의 《규칙 *Rule*》은 일요일의 쉼을 다른 관점에서 보았다는 점이 의미심장하다.

> 이와 같이 주의 날(도미니코 *dominico*)에는 맡은 일이 있는 사람을 제외하고는 모두 자유롭게 독서에 전념하게 하라.
> 묵상이나 독서를 할 수 없거나 하기 싫어할 정도로 태만하거나 무관심한 사람에게는 일을 좀 맡겨서 빈둥거리지 못하게 하라(《규칙》48.22-23).

다시 말해 일요일이 쉼의 날이어야 하지만, 쉼 자체를 위한 쉼의 날은 아니라는 것이다. 요리사의 의무와 같이 중요한 의무는 이행되어야 한다. 그리고 나태는 피해야 한다. 일요일 쉼의 목적은 기도와 묵상이다.

베네딕트 사후 1세기가 채 안 되었을 때, 세비야의 이시도루스는 당시의 또 다른 수도원 규칙을 다수 발표했다(결국은 베네딕트의 규칙 때문에 전부 빛을 보지 못하기는 했다). 이시도루스는 금식을 장려하거나 허용해야 하는 날에 대해 논하면서 일요일은 금식하는 날이어서는 안 된다는, 적어도 2세기 이후로 통설이었으며 당시에도 통설이었던 내용을 재

단언한다. 그러면서 제시하는 논거는 앞에서 살펴본, 일요일이 슬픔의 날이어서는 안 되는 이유와 매우 흡사하다. "수도사가 금식을 하지 않고 지켜야 하는 축일은 다음과 같다. 가장 먼저, 그리스도께 바치는 존귀한 주의 날이다. 이날은 주의 부활의 신비 때문에 엄숙하므로 그분을 따르는 모든 이들에게 즐거우면서도 엄숙한 날이어야 한다."(세비야의 이시도루스, 《규칙Rule》 10).[5]

현실: 노는 날

주의 날의 쉼과 관련한 매우 엄격한 법이 있었고 그러한 법을 거듭 분명하게 반포해야 했다는 것은, 그와 같은 쉼을 몹시도 중요하게 여겼다는 사실뿐 아니라 전반적으로는 그러한 쉼을 지키지 않았다는 사실도 입증한다. 사람들이 주의 날이라는 쉼의 시간을 예배와 기도와 선행에 쏟아야 한다는 수도원의 목표는 이상理想이었을 뿐, 실상 사람들 대부분은 미사 참석이라는 의무를 다하고 나서 나머지 시간은 평일에는 할 여가가 없던 활동에 전념했다. 주의 날에 연극과 무용 공연을 반대하는 초기 칙령은 사람들이 가서 구경하는 직업 예능인과 주로 관계가 있었다. 그러나 이제는 게르만 민족과 함께 들어와서 기독교라는 허울 아래 계속되던 춤과 축제가 문제였다. 연극사를 연구하는 어느 학자는 축일, 특히 일요일이면 일어나기 마련이던 일을 이렇게 묘사한다. "노래를 부르는 여자들이 음탕한 칸티카(cantica, 노래)를 부르고 발라티오네스(ballationes, 춤)를 추면서 예배당 근처에, 심지어 신성한 예배당에도 난입해서 수세대에 걸쳐 교회 당국이 맞서 싸우고자 하던 신성모독을 저질렀다.…이 싸움은 오랫동안 이어졌으며, 결국 교회는 춤을 교회 문 밖으로 몰아내는 데 한 번도 성공하지 못했다."[6]

사람들 대다수가 그러한 행사에 참여한 듯하지는 않다. 음탕하고 음란했다는 주장은 더 경건한 사람들이 과장한 말일 수도 있다. 그럼에도 일요일은 (교회의 다른 축일들과 함께) 곡예사와 춤꾼과 음유 시인과 기타 예능인들이 광장에 군중을 모으는 날이었다. 이러한 광장이 대개는 예배당 앞에 있었기에 교회 당국은 보통 그러한 활동에 격분했으며, 그러면 군중은 축제 기분에 춤꾼과 다른 예능인들에게 휩쓸려서 예배당에 난입하는 경우가 흔했다. 어떤 경우에는 교회 지도자들이 이러한 때를 이용해서 기적과 도덕과 기독교 가르침과 관련 있는 공연을 진행하기도 했는데, 현대 연극이 여기에서도 기원했다. 그러나 장례식 같고 엄숙한 미사가 그날 나머지 시간의 음란한 축하 행사와 대조되는 상황이 가장 흔했다. 따라서 일요일은 아주 심하게 엄숙하고 침울한 거룩함과, 특히 축제 기분에다가 난잡하기까지 했던 나머지 삶 사이에서 지나치게 이중적인 날이 되었다.

한편, 크고 작은 도시에서는 엄숙함과 떠들썩함의 이중성이 일요일의 특징이었을지 모르지만, 수도원들이 소유한 지역이나 수도원 근방에서는 현실이 달랐을지도 모른다. 사회 전반과 마찬가지로 수도원 규칙 대부분도 주의 날에 쉼이 중요하다고 강조했다. 그러나 수도원에서는 주의 날이 여가와 마음 편히 쾌락을 누리는 시간이 아니라 기도하고 독서하고 묵상하는 시간이었다. 수도원이 소유한 땅에서 살아가는 소작농과 그 외 사람들이 수도원의 영향을 받았다는 사실에는 의심의 여지가 없다. 다양한 기도 시간을 알리는 수도원 종소리가 이들이 때를 아는 방편이었을 것이다. 대다수는 일요일마다 수도원 미사에 참석했을 것이다. 이들의 눈에는 수도사들이 평소의 노동을 하루 쉬면서 그 시간에 기도와 묵상에 전념하는 모습이 보였을 것이다. 그래서 증거는 없지만, 우울함과 떠들 썩한 음란함이라는 일요일의 이중성이 수도원 지역보다는 크고 작은 도시에서 더 확연히 드러났으리라고 추정할 수 있다.

주께서 보내신 편지

600년경 어느 때인가 스페인 카르테헤나의 주교 리키니아누스는 발레아레스의 이비사 섬에 있는 동료 주교에게 편지를 써서, 그 주교가 어떤 문서를 하늘에서 직접 내려온 편지로 믿은 사실과 그 문서를 교회에서 큰 소리로 낭독한 행동을 꾸짖었다. 리키니아누스는 아마도 당시 유포되기 시작한 《주의 날에 대한 편지 Letter on the Lord's Day》를 언급하는 듯하다. 19세기 후반까지도 이 문서가 그 전체 제목에서 주장하는 것처럼 《우리의 구원자, 주님, 하나님이신 예수 그리스도께서 보내신 서신 Epistle from Our Savior, Lord and God Jesus Christ》이라고 믿는 사람들이 더러 있었다. 이 문서에 담겨 있는 전설에 따르면, 성 베드로가 로마 주교의 꿈에 나타나서 교회 제단 위 허공에 떠다니는 편지가 있으니 가서 보라고 말해 주었다. 주교는 그 편지를 보고 신자 공동체 전체를 불러냈고, 이들이 밤낮 사흘 동안 계속 기도하자 드디어 편지가 주교의 손 위로 내려왔다. 그것은 비범한 문서였다. 예수께서 그 편지에서 그 글이 "사람의 손으로 기록된 것이 아니라 보이지 않으시는 하나님 아버지의 손에서 나온 편지"라고 확증해 주셨기 때문이다.[7]

우리에게 이 편지가 흥미로운 이유는, 이 편지의 주요 주제가 주의 날을 지켜야 하는 필요성이기 때문이다. 이 편지에서는, 훨씬 앞서서 디다케에서 표현한 것처럼 주의 날을 동의어 반복으로 "주의 주의 날 the Lord's day of the Lord", 즉 키리아스 키리아케스 *kyrias kyriakēs*라고 일컫는다. 또 이 편지는 주의 날이 상징적으로 세 가지와 연관되어 있음을 언급한다. (1) 이날은 "다른 모든 날보다 거룩한 날이다. 이날 우리 주시요 하나님이신 예수 그리스도께서 죽은 자들 가운데서 다시 살아나셨다." (2) "내가 하늘과 땅을 만든 첫째 날이며, 날들과 시간들이 시작된 날"이다. (3) "온 땅을 심판할, 거룩한 주의 날"이다. 그런 다음 이 세 가지에다 소위 이날이 특별히 거룩한 이유 몇 가지를 덧붙인다. 이날이 바로 아브라함이 천사들을 환대한 날이고, 시

내산에서 모세가 율법을 받은 날이며, 천사가 마리아에게 수태를 알린 날이고, 주께서 세례를 받으신 날이라는 이유다.

흥미로운 점은 교회의 공식 예배에서는 장례식 같은 엄숙한 미사 때문에 예수 부활의 기쁨과 신자의 종말론적 소망에 대한 강조가 대부분 흐릿해졌는데, 누구인지 몰라도 이 문서를 쓴 사람은 주의 날을 기쁨과 소망의 날로 보았으며, 전통적으로 강조하는 부활, 창조의 시작, 재림은 물론이고 율법 수여, 수태고지, 주의 세례와 같은 다른 기쁜 사건들과도 주의 날을 연결 짓고 있다는 사실이다.

그런데 이 편지에는 한결 금욕적인 면도 있다. 이러한 주의 날을 지키는 태도는, 그렇게 지키지 않는 이들에게 내리는 일련의 '저주'에서 엿볼 수도 있다. 그 대부분은 교회 출석과 종교 의식과 관련 있는 내용으로 "성찬 예식을 하는 중에 떠드는 자들에게 화가 있을지어다", "하나님 말씀을 믿지 않는 자들에게 화가 있을지어다" 같은 것이다. "간음하는 수도사들에게 화가 있을지어다"처럼 도덕 문제와 관련 있는 내용도 있다. 마지막으로 몇 개는 "가옥에 가옥을, 전토에 전토를 이어서 다른 이들에게 전혀 틈을 주지 않는 자들에게 화가 있을지어다", "일꾼에게 품삯을 주지 않는 자들에게 화가 있을지어다", "이자를 받고 돈을 빌려 주는 자들에게 화가 있을지어다", "성전에 예물을 바치고 나서 이웃과 다투는 자들에게 화가 있을지어다"처럼 사회 문제를 다룬다. 또 그 편지가 읽히도록 하려는 의도에서 나온, "이 편지를 소리 내어 낭독하지 않는 사제에게 화가 있을지어다" 같은 또 다른 일련의 '저주'가 있다. 분명 이 미지의 저자는 더 깊은 신앙, 더 높은 도덕 기준, 이웃을 더 공정하게 대접하는 일을 포함하는 일종의 개혁을 촉진하고자 했다. 그리고 그와 같은 개혁은 주의 날을 엄격하게 지키는 일을 바탕에 둘 것이다.

교회의 지도자 중 많은 이들이 그러한 목표를 추구하긴 했지만, 카르테헤나의 리키니아누스처럼 그런 교회 지도자 상당수는 이 편지에 딸려 있는 전설과 이 편지가 하늘에서 내려왔다는 주장은 신빙성이 없을 뿐 아니라 불경하다고 여겼다. 많은 이들이 리키니아누스 주교의 본을 따라, 서두에 나오는 전설을 읽고 나서는 나머지는 읽지도 않고 편지를 불태워 버렸을 가능성이 농후하다. 그러나 그 전설을 믿고 편지에서 주장하는 개혁에 동의한 어리숙한 수도사들이 편지를 베껴서 유포했다.

정확히 그 편지가 말하고자 하는 바는 '개혁에 대한 요구'다. 그것은 교회를 개혁하라는 학구적인 요구가 아니다. 그러한 학구적인 요구는 중세 내내 수없이 있었다. 오히려 이 편지는, 이 편지를 정말로 주께서 보내신 것으로 읽은 사람들뿐 아니라 편지를 베끼고 보존한 수도사들과 같은 평범한 민중의 신앙 표현이다. 이 개혁 신앙에서는 일요일이 중심 역할을 한다. 일요일 준수가 새로운 도덕과 정의를 비롯한 다른 모든 개혁의 기초다. 공식적인 반대에 맞서서도 이 편지가 살아남았기에 우리는 경건한 보통 사람들이 일요일과 일요일에 담긴 의미를 어떻게 이해했는지 지금 이 편지에서 조금이나마 더 정확하게 접하게 된 듯하다.

하늘에서 내려왔다는 이 편지와 같이 권위가 있다고 신빙성 없는 주장을 하는 중세 문서는 아주 많다. 이 편지만큼 믿을 수 없는 문서는 아마 없겠지만 말이다! 교회는 이러한 문서 대부분을 절대 받아들이지 않았으며, 이 특별한 경우에 리키니아누스가 한 것처럼 그 중 몇몇은 신빙성이 없다고 분명히 밝히기까지 했지만, 그러한 문서들은 계속해서 유포되면서 아마도 적어도 교회의 공식적인 가르침만큼이나 중세의 생활과 관행을 빚어 나갔을 것이다.

일요일과 안식일에 대한 아퀴나스의 견해

12

십계명에서 안식일의 위치

《주께서 보내신 편지》와 그와 비슷한 문서들이 유포되며 개인 신앙의 상당 부분을 빚어 가는 동안, 신학자들은 자기 일을 계속 이어 갔다. 여기서 중세의 여러 신학자들이 일요일에 대해 무어라 말했는지 다시 살피는 것은 너무나 비경제적일 것이다. 대체로 시간이 흐르고 일요일 쉼에 대한 규정이 공표되면서, 안식일이 일요일의 전조나 그림자이고 일단 실재가 왔으니 그림자가 더는 필요 없다는 개념이 널리 퍼지게 되었다. 이러한 개념은 보통 반유대주의 정서를 바탕으로 했다. 이를테면 다마스쿠스의 요한은 하나님께서 "이스라엘 백성의 우둔함과 모든 면에서 물질로 향하는 경향과 육욕적인 사랑" 때문에 안식일 율법을 주셨지만, "장막이 갈가리 찢겼을" 때 안식일 율법이 우리에게 의미하는 바는 "육적인 일을 완전히 버리고, 영적 예배를 드리고, 하나님과 교통하는 것"이라고 단언했다(《정통 신앙에 관하여On the Orthodox Faith》 4.23).[1]

결국 스콜라 철학자들은 도대체 안식일 계명이 왜 십계명에 나오는지 생각하기에 이르렀다. 십계명 나머지 부분은 기독교인과 비기독교인을 막론하고 모든 사람에게 유효한 정의와 도덕의 문제를 다루는데, 안식일과 관련한 계명의 경우에는 그렇지 않다. 교회가 나머지 계명을 모두 지키라고 명한다면, 안식일은 왜 지키라고 하지 않는가?

이 문제에 대한 토마스 아퀴나스의 논의는 관련 쟁점들과 스콜라 신학자들의 대답을 분명히 보여 준다. 그 내용은 《신학대전》 중에서 십계명을 집중해서 다룬 단락에 나온다. 아퀴나스는 그 단락을 시작하면서 십계명의 계명들은 정의의 율법이라고 단언한다. 십계명은 "율법에서 가장 우선되는 명령들로, 타고난 이성이 곧바로 가장 분명한 것으로 인식한다"(《신학대전》 2-2, q. 122, a. 1). 십계명이 정의의 계율인 까닭은, 정의는 관계, 다시 말해 하나님과의 관계와 다른 이들과의 관계에 관한 것이기 때문이다. 십계명 중 처음 세 계명은 하나님과의 관계를 다루며, 나머지 계명은 다른 이들과의 관계를 다룬다. (토마스 아퀴나스뿐 아니라 십계명에 대한 중세와 로마 가톨릭의 번역 대부분은 십계명을 대부분의 개신교와 다르게 헤아린다. 개신교에서 대개 첫째 계명과 둘째 계명으로 꼽는 계명이 토마스 아퀴나스에게는 첫째 계명이기에, 그 결과로 다른 이들이 넷째 계명으로 여기는 안식일에 대한 계명이 아퀴나스에게는 셋째 계명이다.)

도덕법과 의식법

안식일에 관한 계명은 토마스 아퀴나스에게 난제를 안겨 주었다. 십계명이 타고난 이성을 통해 모두에게 알려지며 모든 사람이 항상 지켜야 하는 가장 우선되는 행동 원리라면, 이방 우상을 섬기지 말라는 계명이나 간음하지 말라는 계명과 마찬가지로 한 주간의 일곱째 날을 지키라는 계명도 따라야 한다는 결론이 나온다. 이 난제에 답하기 위해 아퀴나스는 오랜 세월에 걸쳐 확립된 신학 전통, 즉 의식법儀式法과 도덕법을 구별하던 신학 전통에 의지한다. 의식법은 예수님과 예수님 안에 있는 구속을 가리켜 보이기 위해 존재했다. 예를 들면, 희생 제물, 식습관, 특정한 날 따위에 관한 율법은 의식儀式에 관한 것으로 이제는 구속력이 없다. 그에 반해 기본적인 도덕 원리를 제시하는 율법은 여전히 구속력이 있으며 그에 순종해야 한다. 아퀴나스는 이미 십계명의 율법은 정의의 율법이라고, 즉 타고난 지성으로 알 수 있으며 모든 이가 따라야 하는 행동 원리라고 말했다. 그러나 셋째 계명에 이르자 이제는 십계명이 가장 우선되는 도덕 원리이기도 하며, 의식법이기도 하다고 단언한다.

> 안식일을 거룩하게 지키라는 계명을 글자 그대로 받아들이면, 이 계명의 일부는 도덕이고 일부는 의식이다. 개인의 삶에서 예배를 위한 시간을 따로 정해 놓으라고 말하므로, 도덕 규율이다. 인간에게는 식사와 수면과 같은 꼭 필요한 일을 위해 특정 시간을 떼어 놓는 타고난 습성이 있다. 그러므로 특정 시간을 거룩한 일을 위해 떼어 놓으라는 요구 역시 타고난 이성이 명령하는 도덕 질서의 일부다. 그러나 이 계명은 세상 창조의 표지로서 특정 시간을 따로 정해 놓으라고 하므로, 의식儀式 규범이다. 또 이 계명은 그리스도께서 일곱째 날에 무덤에서 쉬신 것을 표상하므로 의식적이

다. 따라서 안식일 계명은 모든 악한 행동의 중단과 하나님 안에서 마음의 쉼을 상징한다. 물론 이러한 의미에서 안식일 계명이 도덕적이기도 하지만 말이다.…그래서 안식일을 거룩하게 지키라는 명령은 도덕 계율이기에 십계명에 들어 있는 것이지, 의식 규범이기에 들어 있는 것이 아니다(《신학대전》 2-2, q. 122, a. 4).

이러한 이유로 아퀴나스는 쉬라는 계명이 도덕법이며 모든 기독교인이 지켜야 하는 계명이라고 단언한다. 그러나 안식일을 언제, 어떻게 지켜야 하는지에 대한 모든 세세하고도 다양한 내용은 그리스도를 예표하는 의식상의 문제였으므로, 그 내용이 나타내고 약속하던 것이 이미 이루어졌다면 더는 지속될 수 없다. 사실 그리스도를 가리켜 보이는 의식을 계속 고집한다면 구약의 약속이 그분 안에서 성취되었음을 부인한다는 뜻이다. 이러한 논의는 안식일에 쉬라는 계명에 여전히 순종해야 하지만, 오실 그분을 가리켜 보이는 안식일의 기본 요소들을 더는 따라서는 안 된다는 결론으로 이어진다. "새 율법에서 주의 날 준수[옵세르바티오 디에이 도미니카이 *observatio diei dominicae*]가 법적 명령권은 없는 채로 교회라는 조직과 기독교인들의 관습으로 계승되었다. 주일 준수는 옛 율법의 안식일 준수의 경우와 달리 상징적이지 않다. 그러므로 음식 조리와 같이 안식일에 금지되었던 특정 활동이 지금은 허용된다"《신학대전》2-2, q. 122, a. 4).

일반적으로 아퀴나스 이후에 살았던 중세 신학자들도 대부분 비슷하게 구분했다. 그래서 안식일 계명을 둘러싼 모든 율법과 관행을 따르지 않으면서 그 계명에 순종하는 일이 가능했다. 그리고 앞으로 살펴보겠지만, 안식일을 한 주간의 일곱째 날이 아니라 첫째 날에 지켜야 한다는 결정을 교회가 했다는 아퀴나스의 주장은, 성경에만 권위가 있다는 개신교도의 주장을 반박하는 논거로 사용된다. 개신교도도 계속 안식일을 준수했는데, 일곱째 날 준수는 성경이 아니라 교회가 확립했기 때문이다.

강조점

중세 시대의 일요일에 대해 빠르게 훑어보기를 마무리하려 하니 눈에 띄는 사항이 몇 가지 있다. 이는 여러 모로 추후의 전개를 설명해 줄 사항들이다.

그 중 첫째는 일요일의 쉼과 관련한 법령이 계속해서 반포되었다는 것이다. 콘스탄티누스의 유명한 칙령에 뒤이어 지위가 높건 낮건, 세속과 교회를 막론하고 유사한 결의문을 내놓았다.

둘째는 바로 그 법령이 흔히 일곱째 날에 대한 계명과 연결되면서 차차 일요일이 기독교의 안식일처럼 보이는 과정이 진행되었다. 소위 일요일의 안식일 대체를 반유대주의 정서로 표현하면서 안식일이 '육적' 유대인을 위한 날인 반면 일요일은 '영적' 기독교인을 위한 날이라고 주장하는 경우가 허다했다. 또는 쉼의 날이 도덕법의 일부인 반면 특정한 쉼의 날은 그리스도를 예시하는 의식법이기에 일단 그 약속이 실현되었다면 더는 따를 필요가 없다는 것을 근거로 이러한 대체를 설명하는 경우도 있었다.

셋째, 성찬에서 관심의 초점이, 참석한 이들이 그리스도의 몸으로서 성찬을 먹고 마시는 것에서, 그 떡 자체에 임재하시는 그리스도의 몸으로 이동했다.

넷째, 성찬을 피 없이 반복하는 그리스도의 희생 제사로 더욱 강조함에 따라 원래는 기쁨과 승리의 의식이던 그 오래된 의례가 부활과 종말론적 소망이 아니라 십자가와 그 십자가를 필요하게 한 인간의 죄에 초점을 맞추는 장례식 같은 색채를 띠게 되었다.

다섯째, 앞에서 말한 내용의 결과로 성찬은 단순히 참석만 해도 혜택을 얻을 수 있는 성스러운 드라마가 되었다. 그래서 미사 참석은 매우 일반적이었지만, 실제 성찬 참여는 예외적이었다.

여섯째, 미사에서는 희생 제사가 중요했지 참석하여 미사를 함께하는 사람은 중요하지 않았으므로 참석하지 않은 사람이나 죽은 사람을 위한 독송 미사 거행이 점점 아주 흔한 일이 되었다.

일곱째, 일요일은 초대교회에서 그러했듯이 여전히 기념의 날이었다. 그러나 이제는 예수의 부활을 기념하기보다는 여가를 즐기는 날이었다. 미사 참석이라는 의무만 다하면, 남은 하루는 곡예사와 어릿광대를 구경하고, 노래하고 춤추고 심지어 음탕한 일까지 하는 시간이었다. 그래서 일요일은 그리스도의 희생 제사를 반복하는 가슴 벅차고 굉장한 행사의 날인 동시에, 종종 그러한 희생이 필요한 이유를 정확하게 보여 주는 다른 수많은 행사의 날이기도 했다.

제4부

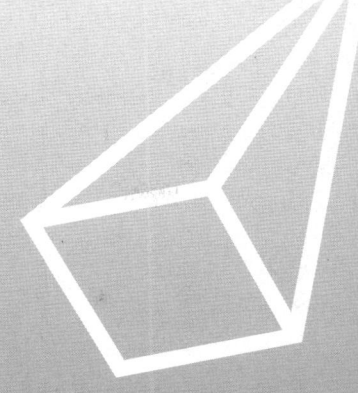

종교개혁과 그 이후

16세기에 이르면 일요일의 역사 연구에 간단치 않은 여러 특징이 등장한다. 그중 두 가지 특징이 매우 중요한데, 하나는 가동 활자를 사용하는 인쇄기의 발명 때문에, 다른 하나는 종교개혁 때문에 생겨났다. 인쇄기 때문에 곧 서면 자료의 진정한 홍수가 일어나기 시작했다. 그래서 초기에는 양이 매우 한정된 자료 안에서 일요일의 역사에 대한 언급을 찾아내야 했고 나중에는 많은 자료 안에서 그러한 언급을 다루어야 했다면, 이제는 어마어마하게 많은 자료 안에서 어느 것이 중요하고도 이 연구에 유용한지 파악하려는 노력을 해야 할 것이다.

이러한 난제와 유사한 둘째 난제는 종교개혁으로 생겨난 다양한 의견과 운동과 교회 때문에 유발되었다. 앞 단락에서는 당시에, 적어도 서방에서는 단일했던 교회 내부의 비교적 단순한 이야기를 다룰 수 있었다. 분명한 발전 과정은 물론이고 상이한 견해와 강조점도 언급했지만 당시에는 신학의 기본 주제들에 대해서는 전체적으로 의견이 일치했었다. 그러나 이제 16세기에 들어서면 그러한 일치가 깨지고 그 결과로 서로 상충하면서 보통은 적대적인 신학 전통이 생기므로, 이 모든 상황을 계산에 넣어야 한다. 이 중 어느 전통에서는 일요일, 일요일의 의미, 일요일 준수와 관련하여 무던히 논쟁이 있었던 반면, 나머지 전통에서는 그만큼 논쟁을 하지 않았으며 했더라도 보통은 같은 시기에 하지 않았다.

이어지는 장章에서는 인쇄술과 종교개혁이라는 이 두

복잡한 요인을 감안하여, 시간 순으로 정리하여 먼저 종교개혁 시기 자체를 다루고 그 다음 세기로 넘어갈 것이다. 일요일이 논의 대상이 되었거나 일요일 준수에 변화가 일어난 시점을 논하고, 다른 이들이 이미 말했거나 행한 것의 단순한 되풀이는 전반적으로 살피지 않으면서 내용을 선별할 것이다.

종교개혁

13

가톨릭교회

이미 15세기에 안식일을 계속 지키고자 고집했던 사람들이 있었을지도 모른다는 증거가 있다. 피렌체 공의회(1438-1445년)는 안식일 준수를 할례와 연결하여 안식일과 할례를 지키는 사람은 아무도 영원한 구원을 받지 못한다고 단언한다. 그러나 이 말이 안식일을 준수하는 기독교인을 가리키는 말인지, 아니면 단순히 유대인과 유대교에 대한 무수한 공격을 하나 더 하는 말인지는 불분명하다.[1] 이러한 논의는 종교개혁 시대까지 계속되었지만, 신학 논쟁 전면으로는 거의 나오지 않았다. 그래서 논의 중인 거의 모든 사안에 대해 법을 제정하고자 했던 트리엔트 공의회(1545-1563년)에서 이 사안에 대해서는 말을 많이 하는 것을 중요시하지 않은 듯하다. 사실, 일요일이 안식일을 대체했다는 개념이 너무나 일반적이어서, 가톨릭에서는 루터의 '솔라 스크립투라(sola scriptura, 오직 성경)' 원리를 비판하면서, 일요일 예배라는 관습은 성경의 권위가 아니라 교회의 권위가 확립했다는 주장을 흔히 사용했다.[2] 트리엔트 공의회에서 레조(Reggio)의 대주교 가스파르 델 포스코는 공의회에 앞서서 설교를 마무리하기 직전에 동일한 주장을 하며 교회의 권위가 성경보다 위에 있음을 지지한다. "율법에서 가장 영광스러운 날인 안식일이 주의 날로 변했다. 할례를 받지 않은 사람은 백성 중에서 끊어지리라고 위협하면서 아브라함과 그 자손에게 명령한 할례는 폐지되었다.…이 사안과 다른 유사한 사안들이 교회의 권위에 의해 바뀌었다."[3] 앞으로 살펴보겠지만, 이렇게 주장할 근거를 제공한 사람이 바로 루터다.

일요일 의례에 딸린 다른 사안들에 대해서는 트리엔트 공의회에서 할 말이 많았다. 대부분의 내용은 화체설 교리라든지 미사는 일종의 희생 제사라는 등의 전통적인 교리를 반복하고 재확인하는 것이었다. 그러나 종교개혁이 시작된 이후로 등장한 다양하고 혼란스럽기까지 한 예전 관습에 대응하여 애써 통일성을 지키려는 시도도 있었다. 그래서 트리엔트 공의회에서는 미사는 라틴어로 드려야 한다고 선언했다. 미사의 의미를 사람들에게 각자의 모국어로 설명해 주어야 하더라도 말이다(여덟째 회기, 교회법 8조).[4] 통일성에 대한 이러한 강조에 뒤이어 1570년 교황 비오 5세가, 모든 사람이 세부 사항을 조금도 어기거나 더하지 않고 엄격하게 따라야 하는 미사전례서를 발행했다. 교황 비오 5세에 따르면, 이 미사전례서가 명하는 내용은 (일부 예외를 규정해 놓았지만) 모든 곳, 모든 시대에 유효하다.

마르틴 루터

종교개혁이 일요일 관습과 의례와 관련하여 일으킨 가장 큰 변화는 예전liturgy에 자국어를 사용한 것이다. 가톨릭 교회에서는 통일성을 위해 라틴어를 고집했지만, 루터는 일반 사람들에게도 유용하도록 자국어를 제안했다. 루터에게 자국어 사용은 단순한 언어의 문제일 뿐 아니라 문화화enculturation의 문제이기도 했다. 1525년에 몇몇 사람은 루터가 적절하다고 생각한 정도보다 더 깊이, 더 빨리 종교개혁을 진행시키기를 바라며 미사를 반드시 독일어로 드려야 한다고 주장했는데, 그 주장에 대해 루터는 이렇게 말했다. "나는 지금 독일에서 독일어로 미사를 드려서 행복하다. 그러나 마치 반드시 독일어로 미사를 드려야 한다는 듯이 독일어 미사를 강요하는 일 역시 지나치다"《천상의 예언자들 반박 Against the Heavenly Prophets》).[5] 루터는 '독일어 미사'는 단순히 언어의 문제일 뿐 아니라 그 언어가 뿌리박고 있는 문화의 문제라고도 생각했다. 그래서 독일어로 미사를 드리고 있다고 단언한 직후에, 진정한 독일어 미사는 시기상조임을 분명히 했다. "오늘 나는 기쁘게 독일어 미사곡을 맡았다. 그 일에 전념하기도 했다. 그러나 독일어 미사에 진정한 독일어의 특성이 있었으면 정말 좋겠다. 그래서 매끄럽거나 훌륭하게 들리지 않더라도, 라틴어 본문을 번역하고 라틴어의 어조와 분위기를 유지하는 일은 제한했다. 본문은 물론이고 분위기, 강세, 곡조, 연주 방식도 진짜 모국어에서, 모국어의 억양에서 발전하여 나와야 한다. 그렇지 않으면 원숭이가 하듯 일종의 흉내 내기가 되어 버린다"《천상의 예언자들 반박》).[6]

여기서 루터가 작업하는 중이라고 말한 미사곡은 이듬해인 1526년에 출간되었다. 그 곡은 아직 그리스어로 노래하던 키리에˙만 제외하고는 모두 독일어로 되어 있었다. 가사와 음악에서도 단순한 번역이나 각색이 아니라 독일 민족에게 반향을 불러일으킬 예전을 시행하려고 진지하게 시도했다. 이는 평이하고 사람들에게 더 익숙하고 더 일반적인 형식에 맞춘 노래와 아울러 모든 이가 함께 할 수 있는 미사곡이었다. 루터는 이것을 좋은 예전 음악의 표지 중 하나로 보았다. 좋은 교회 음악의 다른 표지는 그리스도 중심적이고 복음을 나타내는 것이었다.

루터는 독일어 미사곡을 발표하기에 앞서 라틴어 미사곡도 내놓았는데, 이 라틴어 미사곡은 행위로 인한 구원이나 인간의 공로, 화체설, 그리스도의 희생 제사로서의 미사를 암시하는 내용은 모두 지워 버려서 본질적으로 전통적인 미사곡이었다. 전반적으로 루터의 독일어 미사곡은 이 라틴어 미사곡의 순서를 따랐지만, 이제 독일 문화와 더 닮은 음악과 가사를 사용했다. 그러나 루터는 예배의 통일성을 고집하려고 하지는 않았다. 반대로 독일어

• '키리에'('오! 주님')는 로마 가톨릭교회와 성공회에서 미사 집례 시에 드리는 짧은 기도인 '키리에 엘레이손'(*Kyrie Eleison*, '주님! 우리를 불쌍히 여기소서')을 말한다(참고, 네이버 지식백과 중 《교회용어사전》). 천주교 용어집에서는 다음과 같이 설명한다. "자비송. 미사의 참회 예절 때 우리의 부당함과 연약함을 탄원하며 '주님 자비를 베푸소서' 하고 바치는 기도"[《천주교 용어집》(서울: 한국천주교 중앙협의회, 2017), 111].

미사곡 서문에서 이렇게 단언한다.

> 무엇보다도 나는 우리의 이 거룩한 예식서를 살펴보거나 준수하고자 하는 모든 이들이, 어떠한 이유로도 이 예식서를 일종의 강행 법규로 만들어 버리거나 어느 사람의 양심도 올가미에 걸거나 얽어매는 데 사용하지 말고, 언제 어디서든 이 예식서를 선호하고 또 이 예식서가 필요한 상황이라면 기독교인의 양심에 따라 사용하기를, 깊은 애정을 담아 간곡히 부탁한다. 더욱이 우리가 누구든 지배하거나 법으로 강제하고자 한다는 의미로 받아들이지 않기를 바란다.[7]

그런 다음 루터는, 그리스도인의 자유에 대한 이 발언을 바탕으로 하지만 그와 같은 자유를 다른 이들의 마음을 상하게 할 수도 있게 사용하는 것을 반대한 후에 이렇게 주장한다. "그렇지만 나는 이미 훌륭한 예식서가 있거나 하나님의 은혜로 더 나은 예식서를 만들 수 있는 이들에게 자기네 예식서를 버리고 우리를 따르라고 요구하고 싶지는 않다. 독일 전체가 당장 우리의 비텐베르크 예식서Wittenberg Order를 반드시 채택해야 한다는 것도 내 뜻이 아니다."[8]

위의 내용이 현재의 연구 주제는 아니지만, 자국어로 드리는 예배와 그에 상응하여 성경을 유럽의 여러 언어로 번역하는 일의 중요성은 아무리 강조해도 지나치지 않다. 여러 세기 만에 처음으로 평범한 예배자들이 예배에서 나오는 말을 이해할 수 있게 되었다. 이와 같은 번역과 인쇄기 덕분에 특히 일요일에 집에서 혼자, 또는 가족이 함께 성경을 읽는 일이 훨씬 더 흔해졌다.

잘 알려져 있듯이 루터는 설교를 매우 강조했으며, 설교를 보통은 일요일에 미사를 올릴 때 했지만 다른 요일과 상황에서도 했다. 그러나 그와 같은 설교는 결코 설교자나 설교자의 권위에 초점을 맞추어서는 안 되었으며, 오직 설교의 내용이 되는 한 분에게만 초점을 맞추어야 했다. 1546년 루터는 자신의 마지막 설교에서 이 점을 매우 명확하게 밝힌다. "제대로 된 설교자라면 부지런하고도 성실히 하나님의 말씀만 가르쳐야 하며, 그분을 높이고 찬양하기만 구해야 한다. 마찬가지로 청중도 이렇게 말해야 한다. '나는 우리 목사님을 믿는 것이 아니다. 다만 우리 목사님이 그 이름이 그리스도이신 주님에 대해 말해 주고 그분을 보여 주어 나를 참된 교사이자 주인이신, 하나님의 아들에게 인도해 주는 한, 우리 목사님에게 귀를 기울일 것이다.'"[9]

 요약하자면, 말씀 선포와 성찬식이 일요일을 특징짓는 중심 활동이 되어야 하며, 설교와 성찬 둘 다 그리스도의 십자가로 말미암아 은혜로 받는 구원의 복음을 표현한다. 이것을 넘어서는 것은 무엇이든, 일요일이 신자들이 구원을 얻기 위해 해야 하는 일종의 '일'로 (심지어 일하지 않는 '일'로) 보일 수 있는 위험이 있다고 의심할 만했다.

 독송 미사 폐지도 비슷한 이유 때문이었다. 무엇보다도 독송 미사는 예배하고 함께하는 공동체의 중요성을 무시했다. 또 미사를 일종의 공적을 쌓는 행동, 즉 '일'로 만들어 버렸다.

 루터는 안드레아스 보덴슈타인 폰 칼슈타트가 1524년에 발간한 논문 《안식일에 대하여 *On the Sabbath*》에 답하면서 일요일 의례의 문제를 다루어야 했다.[10] 칼슈타트에 따르면, 안식일 관련 계명은 도덕법의 일부이기에 여전히 순종해야 하는 계명이다. 그것은 타락 이후 인간이 쉴 새 없는 노동에서 벗어나도록 하나님이 자비로 베푸신 계명이다. 칼슈타트는 교회가 일요일에 예배하는 잘못을 범하고 있다거나 일요일보다는 토요일이 더 낫다는 뜻으로 말하지 않았다. 오히려 안식일의 쉼을 누릴 요일은 자유롭게 결정할 수 있다고 단언한다. 각 사람이 특정 요일에 쉬겠다고 마음대로 결정하지 못하는 이유는, 흔히 하루를 정해 놓으면 말씀이 선포될 때 공동으로 참석하기에 좋기 때문이다. 칼슈타트는 '표면적' 안식일과 '영적' 안식일을 구분했다. 표면적 안식일은 이레마다 특별히 준수한다. 영적 안식일은 항상 지녀야 하는 일종의 태도로 '모든 근무일에 일하지 않고 거룩하게' 지켜야 한다. 그러면 복음의 평온*Gelassenheit**을 경험할 수 있다. 이러한 영적 안식일을 지키는 목적은, 우리가 일을 하려는 노력을 중단하고 하나님을 기쁘시게 하여서 하나님이 우리 안에서 일하시게 하려는 것이다. 이러한 이유로 출애굽기는 안식일을 명령한다. '우리 일이 하나님의 일을 방해하기' 때문이다. 이러한 영적 안식일을 지키는 방식은, 주로 고개를 숙이고 손으로 얼굴을 감싼 채 슬픔에 잠겨서 회개하는 것이었다.

루터는 칼슈타트의 생각을 조금도 받아들이려 하지 않았다. 그는 칼슈타트에게 답하면서 다음과 같이 말한다.

• *Gelassenheit*는 철학 용어로 '방념放念'이라고 한다. 하이데거는 '내맡김'이라는 의미로 이 단어를 사용했다. 기독교 신비주의 전통에서는 고요하게, 즉 평온하게 하나님께 순종한다는 의미로 이 단어를 사용한다.

우리는 바울과 이사야에게 진정 감사해야 한다. 이들이 오래 전에 우리를 성마른 사람들에게서 벗어나게 해 주었기 때문이다. 그렇지 않았다면 우리는 안식일 내내 머리를 손으로 감싼 채로 앉아서 그 성마른 사람들이 우리를 속이려고 한 대로 하늘의 음성을 기다리고 있어야 했다. 칼슈타트가 안식일에 대해서 더 써야 했다면, 일요일도 밀려날 테고 안식일, 즉 토요일을 기념하게 될 것이다. 칼슈타트는 실제로 우리를 모든 면에서 유대인으로 만들려고 하니, 우리는 할례를 받는 등의 일을 해야 하겠다《천상의 예언자들 반박》).[11]

칼슈타트가 안식일에 대해서 쓴 책에서 루터가 못마땅했던 것은, 첫째 날이 아니라 일곱째 날을 지킴으로 율법에 순종해야 한다는 주장이 아니었다. 사실 칼슈타트는 그런 주장을 하지 않았다. 루터는 우선, 안식일을 은혜를 기뻐하기보다는 죄를 슬퍼하는 시간으로 준수해야 한다는 칼슈타트의 주장이 못마땅했다. 둘째는 칼슈타트가 제시한 대로 '일하지 않고' 그저 하나님이 하시도록 놔두는 것은 좀 미묘하게는 일이며 여전히 하나님의 은혜를 얻기 위한 방편이어서 행위에 의한 칭의로 되돌아오는 것이기에 못마땅했다. 이것은 루터가 젊은 시절 위안을 얻었던 신비주의자들을 반대하는 이유이기도 했다. 그러나 교회가 일요일을 예배의 날로 만들려고 정한 관습 외에는 그 날에 특별한 게 없다는 점에서는 칼슈타트와 의견이 같았다. 루터는 일요일이 유대교의 안식일을 대체했으며, 따라서 십계명에 나오는 안식일 관련 계명을 준수해야 한다는 중세의 전통에 반대했다. 그 외에도 루터는 일종의 정의의 문제로서 7일 중 하루를 떼어 놓는 것이 필요하다고도 단언했다. 그렇지 않으면 종들처럼 쉴 틈 없이 고생스럽게 일해야 하는 이들이 잠시 쉴 여유가 없기 때문이다.

칼슈타트의 원칙은 반드시 할례를 받아야 한다는 결론으로 이어진다고 루터가 넌지시 한 말이 실제로 일어난 듯했다. 1538년에 루터는 한 친구에게 보내는《안식일 엄수주의자 반박*Against the Sabbatarians*》이라는 공개서한을 발표했다. 루터는 그 서한 서두에서 그 친구가 자기에게, "유대인들이 유대교 교리라는 독을 품고서…침투해 오고 있으며, 이미 그 자들에게 미혹되어서 할례를 받고 메시아, 즉 그리스도께서 아직 오지 않으셨다는 말을 곧이 듣는 기독교인이 더러 있다"[12]고 알려 주었다고 한다. 유감스럽게도 루터는 이 말을 듣고 유대인과 유대교를 가장 맹렬하게 공격하게 되었는데, 사실상 안식일에 대해서는 상대적으로 거의 말을 하지 않았을 정도였다. 이 점과 관련하여 루터는 그 계명에서 한 주간의 일곱째 날을 쉬는 날로 정한 부분은 하나님이 이집트에서 이끌어내신 사람들에게만 주신 것이라고 주장한다. 그러나 잠잠히 있으라는 명령이나 예배의 날을 거룩하게 하라는 명령은 보편적인 가치를 지닌다고 말한다. "그러므로 일곱째 날은 우리 이방인들과는 상관이 없다."[13]

울리히 츠빙글리와 마르틴 부처

츠빙글리는 일요일을 특별히 강조했으며, 루터처럼 중세 시대에 발달한 많은 성인의 날saints' days을 포함하여 그러한 기타 기념일과 의례를 폐지했다. 설교가 일요일 예배의 중심이 되었으며, 주중에 드리는 예배에서도 보통은 그러했다. 츠빙글리는 성찬이 신자에게 그리스도의 희생을 상기시켜 주기 때문에 중요하다고 확신했으며, 또 성찬을 너무 자주 하면 그 의미가 퇴색된다고 우려했기에 성찬은 석 달에 한 번씩만 했다. 교회와 전통보다 성경의 권위를 강조하는 방편으로서 성경 전체를 차례로 설교하는 것을 선호하여 독서집^{lectionary}을 버렸다. (츠빙글리는 몸소 마태복음에 나오는 족보를 설교함으로써 이러한 일을 시작했다!) 일요일에도 일 년에 4회 행하는 성찬이 아니라 설교가 예배의 중심이었다. 그러나 성찬을 석 달에 한 번씩 행하는 관습에서는 최소한 일요일마다 성찬을 행하는 전통적 관습보다 성찬 횟수가 줄어들었지만, 츠빙글리는 모든 신자가 성찬에 참여하리라 기대했기에 결과적으로는 일 년에 한 번 성찬을 받던 중세의 기준보다 훨씬 더 자주 성찬을 받게 되었다는 점에 주목해야 한다. 1525년 츠빙글리는 직접 개정한 성찬 예전을 루터보다 먼저 발표했다. 츠빙글리의 예배는 음악을 없애고 시편을 교창할 정도로 성경 전통을 따르려고 했기 때문에 다소 소박하다. 그러나 츠빙글리의 신학을 따르는 많은 이들은 그 점은 받아들이지 않았기에, 스위스의 다른 지역의 츠빙글리파 교회들은 일요일 예배에 찬송을 넣었으며 이를 위해 찬송가를 발행하기까지 했다. 이와 같이 츠빙글리 자신은 일요일 의례의 소박함을 좋아했으며, 나중에는 개혁 전통 대부분이 예배

• 독서집lectionary는 미사 독서나 성무일도(시간전례) 독서를 모은 책의 종류를 일컫는 말이며, 성무일도(시간전례)는 정해진 시간에 시편 기도와 말씀 묵상 등으로 바치는 교회의 공적 기도다[참고, 《천주교 용어집》(서울: CBCK, 2017), 43, 93].

에서 찬송을 배제함으로써 이러한 소박함이 평범한 일이 되었지만, 츠빙글리를 따르던 이들이 모두 이 점에 동의하지는 않았다. 아이러니하게도 츠빙글리가 작곡했지만 교회에서는 사용하지 않으려 했던 음악 중 일부가 츠빙글리 사후에 발행된 찬송가에 포함되었다.[14]

스트라스부르의 개혁자 마틴 부처는 기독교 국가의 질서를 제대로 세우려면 안식일에 관한 십계명의 지시를 일요일에 적용해야 한다고 믿었다. 안식일 율법에는 사회에서 악행을 누그러뜨리고자 할 때 지도해 줄 수 있는 '제3의 용도'가 있으므로 기독교인 통치자라면 율법의 지도를 따라야 하며 따라서 일요일에 쉬는 일은 순종의 문제로 다뤄야 한다. 그러나 부처는 일요일의 쉼을 시행하도록 스트라스부르 정부를 납득시키지는 못했다. 취리히에 있던 츠빙글리의 후계자 하인리히 불링거도 비슷한 견해를 주장했다.

재세례파

'재세례파'로 알려지게 된 운동은, 처음에는 주로 츠빙글리의 취리히에서 시작되었지만 결국 중부 유럽 전체로 뻗어나갔다. 루터는 성경에서 반대하지 않는 종교 관습을 유지하려 했고, 츠빙글리는 성경에 나오는 관습만 허용하려고 한 반면, 재세례파는 더 나아가서 신약을 모형으로 삼아 자신들의 삶과 교회의 모습을 구축하고자 했다.

대부분의 재세례파는 일요일 예배를 간소화했다. 예배를 훨씬 더 격식에 얽매이지 않게 했으며, 성경 본문을 한 사람이 설교하기보다는 함께 토론하는 경우가 흔했고, 보통은 공동 식탁에서 평범한 식사로 주의 만찬을 기념하며 끝냈다. 어떤 이들은 이 쉼의 날을 성경에서 명하는 대로 거룩하게 지키자고 주장했다. 그러나 다른 이들은 여전히 예배는 한 주간의 첫째 날이 아니라 일곱째 날에 드려야 하며, 이 일곱째 날이 엄격하게 쉬는 날이어야 한다고 주장할 정도로 모든 면에서 성경을 따라서 행한다는 원칙을 이행했다.

그러므로 '안식일엄수주의Sabbatarianism'*라고 말할 때, 이 용어의 의미를 두 가지로 구분해 주어야 한다. 일요일을

---

* 이 용어를 '주일성수주의'로 옮기기도 한다[《윤리학 용어 사전》(알맹e&도서출판 100), 119].

성경에서 정한 지침에 따라 지켜야 한다고 주장하기 때문에 안식일엄수주의자라고 불리는 이들이 있다. 이 사람들에게는 일요일이 안식일이며, 일요일을 안식일처럼 준수해야 한다. 하지만 이 책에서 이후로 제칠일 안식일엄수주의자라고 부를 또 다른 안식일엄수주의자들은 진정한 안식일은 한 주간의 일곱째 날이며, 일요일 예배와 의례를 교황들이나 콘스탄티누스가, 혹은 둘이 합작하여 지어냈다고 주장한다.

이와 같은 제칠일 안식일엄수주의는 종교개혁 시기에 상당히 일찍부터 등장했다. 루터가 모라비아와 나중에 오스트리아에서도 유대교 관습에 따라 안식일을 지켜야 한다고 주장하던 '어리석은 무리'에 대해 말하지만, 딱히 많이 이야기하지는 않는다. 그리고 나서 루터는 1538년에 앞에서 언급한 안식일엄수주의자들에 반대하는 '공개서한'을 한 통 쓴다. 이 가장 마지막 문서를 보면 루터는 분명 제칠일 안식일엄수주의자들을 맹렬하게 비난한다. 루터가 한 말을 곧이곧대로 받아들인다면, 이 안식일엄수주의자들은 일곱째 날을 지킬 뿐 아니라 할례까지도 행했다.

분명 재세례파 대부분은 제칠일 안식일엄수주의자가

아니었으며, 나머지도 안식일 율법을 일요일에 적용하려 했다는 의미에서는 안식일엄수주의자였지만, 더러는 제칠일 안식일엄수주의의 관습을 실제로 따르고 선동했다. 재세례파가 유동적이었고 다양했기 때문에 재세례파 안에서 제칠일 안식일엄수주의의 발달을 밝히기는 불가능하다.[15] 그러나 그와 같은 안식일엄수주의를 지지하던 주요 재세례파 인물 몇 명에 대해서는 꽤 많이들 알고 있다. 오스트리아에서 추방되어 모라비아에 정착한 오스발트 글라이트는 한때 루터파 목사였으나 재세례파를 이끌던 신학자 발타자르 휘프마이어를 만나 재세례파로 전향했다. 그러고 나서 평화주의라는 쟁점 때문에 휘프마이어와 갈라섰다. 글라이트는 평화주의를 지지했으나 휘프마이어는 반대했기 때문이다. 시기는 불분명하지만 마침내 글라이트는 안식일엄수주의자가 되었고,《안식일에 대한 소책자 Booklet on the Sabbath》라는 제목으로 책 한 권을 발행했다. 이 책은 유실되었지만, 그 일부는 글라이트의 견해를 반박하는 논문 중 하나에서 단편적으로나마 얻을 수 있다. 글라이트는 안식일을 타락 전에 아담이 지켰고 후에는 족장들이 지켰으며, 아담은 계명에 순종하지 않아서 낙원에서 쫓겨났기에 안식일에 대한 계명에 순종하려 하지 않는 사람은 누구든 낙원에서 거부당하리라고 주장했다. 하나님이 예배의 날로 정하신 이 안식일은 한 주간의 일곱째 날이며 결코 변경할 수 없다. 교황들이 일요일 예배를 도입한 것처럼 말이다.[16]

글라이트의 동역자이자 재세례파 안식일엄수주의자인 안드레아스 피셔도 안식일엄수주의를 옹호하는 글을 썼다.[17] 피셔의 글에서 주된 논지는 안식일 준수가 십계명 중 하나이기에, 그 계명에 순종해야 한다는 것이다. 피셔의 주장에 따르면, 일요일 준수를 제정한 자는 콘스탄티누스지만, 안식일을 제정하신 분은 하나님이시다.

재세례파 안식일엄수주의에 대한 반응은 헤아릴 수 없이 많다. 앞서 살펴본 것처럼 루터는 직접 이러한 안식일 엄수주의를 반대하고 비난했다. 종교개혁의 다른 많은 지도자도 마찬가지였다. 안식일엄수주의의 이러한 초기 형태는 20세기까지도 트란실바니아와 그 인근 지역에서 이어지기는 했지만, 결국은 자취를 감춘 듯하다.[18]

장 칼뱅

2세대 개신교 신학자 중 두드러지는 인물은 단연코 장 칼뱅이다. 다른 종교개혁자들처럼 칼뱅 역시 일요일을 특히 강조했으며, 일요일의 가치를 떨어뜨렸을 모든 축일과 예식의 폐지도 강조했다. 칼뱅에게 감화를 받은 제네바 교회 회의Consistory of Geneva는 하나님이 일요일을 예배의 날로 정하셨으며, 그 이후로 따라야 하는 축일은 일요일뿐이라고 주장하는 법령을 1550년에 반포했다. 제네바에서 칼뱅은 여러 유형의 안식일엄수주의자는 물론이고, 예배와 쉼의 날을 지킨다면 유대인들을 흉내 내는 것이어서 결국 복음의 자유가 흐려진다고 주장한 콜리나이우스라는 인물과도 싸워야 했다. 결과적으로 콜리나이우스는 투옥되었는데, 이 사람에 대한 편견이 얼마나 심했는지 크리스토페 파브리가 불쌍한 마음에 면회를 갔다는 이유로 비슷한 의견을 주장한다고 비난받을 정도였다.[19] 칼뱅은 안식일을 지키려고 하는 사람들뿐 아니라 안식일을 완전히 폐지하고자 했던 콜리나이우스 같은 사람들에게도 답을 했다. "우리는 유대인과는 완전히 다른 측면에서 이날을 지키기 때문에 유대교를 넘어선다. 우리는 이날을 융통성 없이 철저한 의식으로 기념하지 않으며, 그 의식을 통해 어떤 신비를 나타낼 수 있다고 여기지 않는다. 오히려 이날을 교회 질서 유지에 필요한 방편으로 이용한다"(《기독교강요》 2.8.33).

칼뱅에 따르면 바울이 갈라디아서에서 "날을 지킨다"고 언급하는 사람들이 "육체노동을 삼가는 이유는 거룩한 연구와 묵상에 집중하지 못하게 되어서가 아니다. 어느 정도 철저하게 그날을 지키면 한때 권장되던 신비들을 존중하고 있다는 생각이 들었기 때문이다"(《기독교강요》 2.8.33). 그리고 이제 교회가 토요일이 아니라 일요일을 지키는 이유는 "유대인들이 거룩한 날을 따로 떼어놓던 미신을 타파하기에 편리하기 때문이었다"(《기독교강요》 2.8.33).

고대인들은 그와 같은 미신을 피하고 주의 부활을 기억하기 위해 지혜롭게 안식일을 '주의 날'로 대체했으며, 주의 부활은 우리의 목표인 '진정한 쉼'의 시작이다. 그럼에도 칼뱅은 이러한 결정에는 구속력이 없다고 분명히 밝힌다. 칼뱅은 특정한 날이나 7이라는 숫자조차도 고수하려 하지 않는다. 그래서 이렇게 선언한다. "교회가 다른 날에 거룩하게 모여도 미신만 없다면 비난하지 않겠다"(《기독교강요》 2.8.34). 그러나 제4계명이 본질상 거의 의식법이라고 해도, 그렇다고 해서 무시해야 한다는 의미는 아니다. "내가 쉼에 대한 법이 영적이고 훨씬 더 고귀한 신비이며 그러므로 이 계명을 의식법으로 간주해야 한다고 말했다고 해서, 그 계명에 다른 목적이 없다는 뜻으로 여겨서는 안 된다."[20]

주의 날을 지키는 그 밖의 이유는, 주의 날 준수가 마지막 안식일의 쉼이라는 목표를 마음에 간직하도록 도와주고, 하나님이 하신 일을 묵상할 기회와 여유를 제공해 주며, 우리의 지배 아래 있는 이들을 압제하지 않게 해 주기 때문이다(《기독교강요》 2.8.34). 그렇지만 칼뱅은 스스로 말했다시피 "미신에 매달리며, 우둔하고 육적인 안식일 미신을 가진 면에서 유대인을 세 배는 뛰어넘는" 이들은 절대 용인하려고 하지 않았다(《기독교강요》 2.8.34).

칼뱅은 설교에 대한 개신교의 강조를 완전히 마무리 지으며, 말씀과 성례는 함께 가며 분리될 수 없음을 분명히 한다.

> 성례의 올바른 집행은 말씀 없이 존재할 수 없다. 주의 만찬에서 우리가 얻을 수 있는 모든 은혜에는 말씀이 필요하다.…그러므로 주의 만찬에서 일어났던 가장 터무니없는

일은 교황의 전횡 아래서 주의 만찬이 무언의 행위로 변해 버린 것이다. 그것은 성례가 그 신비에 대한 설명을 우선적으로 들어야 했던 사람들에게 하나도 중요하지 않다는 듯이, 거룩하게 하는 능력이 전적으로 사제의 뜻에 따라 좌우되기를 원했기 때문이다(《기독교강요》 4.17.39).

말씀과 성례의 이러한 연결은 일요일 예배에서 가장 흔하게 보이며, 칼뱅은 이 둘을 교회의 필수 표지로 삼을 정도로 중요하게 여겼다. "하나님의 말씀을 순수하게 선포하고 들려주며, 성례가 그리스도께서 제정하신 대로 집행되는 곳이라면, 그곳에는 틀림없이 하나님의 교회가 존재한다"(《기독교강요》 4.1.9).

칼뱅은 말씀과 성례의 연결을 강조했기 때문에 제네바에서 일요일마다 성찬을 기념하던 옛날 관습을 되살리고 싶었다. 가톨릭과 루터교회는 그러한 관습을 유지하고 있었지만, 주로 츠빙글리의 영향을 받은 스위스의 여러 도시에서는 대부분 버렸었다. 심지어 칼뱅은 신자는 모두 성찬에 참여해야지, 가톨릭에서 예사가 되어 버린 관습처럼 단순히 예배에만 참석해서는 안 된다고 보았다. 이 점을 칼뱅은 이렇게 말한다. "지금까지 우리가 성찬에 대해

한 말은 성찬이 분명 일 년에 한 번 받도록 정해지지 않았음을 보여 준다.…[초대교회에서] 교회의 모든 모임에는 한결같이 말씀, 기도, 성찬 참여, 구제 헌금이 있었다. 기독교인의 모임에서는 최소한 일주일에 한 번 주의 식탁을 베풀어야 하며, 그 집회에서 선포되는 약속이 우리를 영적으로 먹여야 한다"(《기독교강요》 4.17.44, 46).

그러나 시의회는 츠빙글리가 취리히에서 주장한 관습을 더 좋아했기 때문에 칼뱅의 주장을 받아들이려 하지 않았다. 그래서 칼뱅은 성찬이 일요일 예배에 반드시 있어야 한다고 생각했지만, 제네바에 들렀다가 칼뱅주의를 유럽 전역에 전파한 사람들은 그런 경험을 하지 못했다. 스코틀랜드에서 존 녹스는 성찬을 한 달에 한 번 시행하자고 제안했다. 그런데도 1562년에 스코틀랜드교회 총회에서는 성찬을 큰 도시에서는 일 년에 네 번, 작은 도시에서는 적어도 두 번 시행하라고 강력히 권고했다. 한 세기가 지나자 스코틀랜드 장로교도와 영국 분리주의 청교도 사이에서는 성찬을 일 년에 한 번 시행하는 관례가 굳어졌다.

따라서 루터파 전통에서는 일주일에 한 번씩 시행하는 성찬은 그대로 두고서 설교의 중요성을 강조했고 칼뱅도 마찬가지였지만, 종교개혁 전통 내에서는 설교를 일요일 예배의 중심에 두면서 성찬은 비정기적으로, 어쩌다가 시행하게 되었다.

성공회

성공회The Church of England는 자체의 교리를 발전시키기 시작하면서 의식법과 도덕법의 구분을 바탕으로 안식일을 이해했고 제4계명과 안식일의 연관성을 이해했다. 이 사실은 토마스 크랜머 대주교의 1543년판 교리 문답에서 인용한 다음 글에서 볼 수 있다.

> 성 어거스틴[성 아우구스티누스]도 말했듯이 나머지 아홉 계명은 도덕법일 뿐이어서 구약 시대 유대 민족과 세상의 다른 모든 민족은 물론이고 신약 시대 모든 기독교인에게도 귀속된다. 그러나 안식일 계명은 일곱째 날에 육체노동을 쉬는 것과 관련이 있다는 점에서 의식법이며 그리스도께서 오시기 전인 구약 시대 유대 민족에게만 적용되는 계명이지, 신약 시대에 사는 우리 기독교인에게 적용되는 계

명은 아니다. 그렇지만 육욕을 만족시키기 위한 육신의 모든 수고와 온갖 죄를 멈추고 쉬는 이러한 신체적 쉼이 영적인 쉼을 표상한다는 점에서 안식일 계명은 도덕법이고, 여전히 그대로 존재하며, 그리스도의 소유인 사람들에게 구속력이 있고, 매주 일곱째 날에만 적용되지 않고 모든 날과 시간과 시대에 적용된다. 우리는 각자의 육신적 소원과 쾌락을 만족시키기를 멈추고 항상 쉬어야 하며 온갖 죄와 악한 욕망을 멈추고 쉬어야 하기 때문이다.…모든 기독교인이 이 계명을 지켜야 하지만, 이 계명은 과거 유대인들에게 그랬듯 토요일이라고 부르는 안식일을 규정하거나 지시하지 않는다. 오히려 안식일 대신 그리스도의 부활을 기억하며 일요일이 이 계명을 계승한다. 그리고 교회에서 때때로 정해서 거룩한 날이라 부르던 다른 많은 성일과 축일도 있었는데, 이는 그날이 다른 날보다 더 하나님 마음에 들었다거나 그 자체로 다른 날보다 더 거룩해서가 아니라, 교회가 이날에 아무런 방해 없이 앞서 표현한 것과 같은 거룩한 일에 자신을 온전히 드리도록 정했기 때문이다.[21]

요약

요약하자면 종교개혁 시기 전체를 살펴볼 때 두드러지게 나타나는 사실이 몇 가지 있다.

그 중에서 가장 눈에 띄는 점은, 각 지역 언어로 드리는 예배와, 전 세계적 통일성과 대비되는 지역 문화화와 관련된 사안이다. 개신교가 자국어 사용과 다양한 문화에 적응하는 과정을 권장한 반면, 가톨릭교회는 정반대 방향을 취해서 20세기까지 쭉 그렇게 이어 갔다. 20세기에 이르러서야 제2차 바티칸 공의회는 앞서 개신교 종교개혁자들이 권유한 내용을 따르기로 했다. 그 결과 개신교 편에서는 예배를 간소화하는 경향은 물론이고 더욱 참여적인 예배도 나타났으며, 특히 개혁파와 재세례파에서 그러했다.

둘째, 일부 개신교도, 특히 개혁파 전통에 있는 이들 가운데서는 성찬 횟수가 줄어들었지만, 평신도 편에서 볼 때 실제 성찬 참여 횟수는 엄청나게 늘었다.

셋째, 개신교가 교회력敎會曆을 애써 단순화하고자 하면서 성인의 날과 다수의 특별 절기를 폐지하자 일요일을 더욱 강조하게 되었다.

넷째, 개신교에서는 성경 연구에 역점을 두었을 뿐 아니라 평신도에게 개신교의 기본 교리를 가르쳐야 했기 때문에, 전반적으로 설교를, 더 구체적으로는 강해 설교를 무척 강조하기에 이르렀다. 이러한 설교가 최소한 매주 일요일에 있었고, 나머지 요일에도 자주 있었다.

다섯째, 개신교 종교개혁자 대부분은 교회사 초기의 어느 시점에 유대인의 안식일인 한 주간의 일곱째 날 준수가, 일요일 즉 주의 날인 첫째 날 준수로 바뀌었다는 데 동의했다. 가톨릭 논쟁가들은 이러한 사실을 이용하여 개신교도조차 성경 위에 있는 전통의 권위를 인정한다는 주장을 증명하고자 했다.

여섯째, 많은 개신교도는 한 주간의 첫째 날은 어느 정도 임의로, 대체로는 쉬고 예배하기에 편해서 선택했다고 생각했다. 일요일을 부활의 날로 언급하기도 하지만, 그러한 언급이 초대교회 시절만큼 자주 나오지도 않을 뿐더러 중요하지도 않다. 그러나 다른 이들 특히 재세례파와 같은 이들 사이에서는 일주일 중 하루는 선택의 문제가 아니라 하나님의 명령이므로 첫째 날이 아니라 일곱째 날을 준수함으로써 순종해야 한다는 주장이 있었다.

일곱째, 종종 쉼의 날은 인간의 어떠한 수고도 하나님

의 은혜를 얻을 공로가 될 수 없음을 나타내고 일깨워 주는 일종의 표지로 보인다. 우리는 모든 일을 쉬면서, 최고의 자선이나 순종의 행위조차도 하나님의 은혜의 역사에 비하면 아무것도 아님을 인정한다. 루터를 비롯한 사람들은 일요일 쉼을 법적으로 준수하도록 지나치게 강조하면 율법주의로 이어져서 결국 다시금 행위 구원으로 돌아가지 않을지 염려했다.

여덟째, 일요일이 제4계명(가톨릭식 계산에 따르면 제3계명)과 어느 정도로 연관이 있는지에 대해서는 종교개혁자들 사이에서 의견이 분분했다. 넷째 계명이 도덕법이자 의식법이라는 주장이 가장 일반적이었다. 도덕 계명으로 본다면 모든 이가 하루를 쉼과 영적인 일에 골몰함으로써 순종해야 하는 계명이었다. 의식 계명으로 본다면 다가올 일들의 그림자였기에 이제는 폐지된 계명이었다.

아홉째, 이러한 의견 불일치는 특히 개혁파 전통에 있는 일부 사람들이 사회를 하나님의 뜻에 따라 규제하는 '율법의 제3의 용도'를 주장하는 결과를 낳았다. 이는 세속 당국이 일요일 준수를 모든 이에게 강제해야 한다는 말이었다.

마지막으로, 토요일이든 일요일이든 쉼의 날을 다루는

대부분의 논의는 그와 같은 쉽이 일을 할 수밖에 없는 이들이 착취당하지 않게 하려는 정의의 행위라고, 지나가는 말로 언급하기도 하고, 때로는 강조하여 말한다.

영국 청교도와 안식일

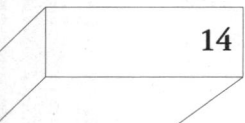

요점 재정리

앞에서는 주의 날(라틴 민족 말로는 도미니카)이 점점 안식일 및 안식일을 지키라는 계명과 연결된 과정을 약술했다. 콘스탄티누스가 태양의 날을 쉬는 날로 지정하면서 이 과정이 더 빨리 진행되었다. 콘스탄티누스 이전에는 기독교인들 특히, 이방인 기독교인들은 로마법으로 정한 날 외에는 쉬는 날을 지킬 수가 없었다. 도미니카가 쉬는 날이 되었으므로, 교회는 물론 국가도 지극히 당연히 그와 같은 쉼을 법으로 정하고 안식일 계명과 연결시키기 시작했다. 여기에 교회가 회당을 대신했듯이 도미니카가 안식일을 대신했다는 설명이 합세되곤 했다. 고대 교회에는 없던 그런 주장이 중세에는 아주 흔해빠진 말이 되었다. 그러나 안식일 계명이 하나님을 예배하는 날에 해당하는 지침이어야 한다면, 이 계명 역시 한 주간의 첫째 날이 아니라 일곱째 날에 지켜야 하지 않는가? 이런 주장을 한 이들이, 바로 앞 장에서 다뤘고 다음에 다시 다룰 제칠일 안식일엄수주의자다. 이처럼 일곱째 날을 지지하는 주장에 대해 가톨릭과 개신교 신학자 대다수는 도덕법과 의식법이라는 오래된 구분을 바탕으로 응답했다. 이를테면 우리가 토마스 아퀴나스를 다루면서 이미 살펴본 대로, 의식법은 메시아를 가리키므로 이제는 구속력이 없지만 도덕법은 보편적 효력이 있다면서 도덕법과 의식법을 구분한다. 혹자는 셋째 계명으로 혹자는 넷째 계명으로 보지만, 16세기 신학자 대부분은 쉼에 대한 계명이 도덕법이기도 하고 의식법이기도 하다고 본다. 이 계명이 일곱째 날을 지키라고 명령했지만 의식법이기에 이제는 그 항목이 효력이 없다. 그러나 도덕법이기도 하기에 정의를 위해, 또 거룩한 일을 위한 시간을 확보하도록 이 계명은 모든 이에게 쉬는 날을 명령한다.

그러나 종교개혁자들 사이에서는 이 계명을 따르거나 활용하는 방법 면에서 대체로 의견이 일치하지 않았다. 일반적으로 루터와 루터의 제자들은 안식일 계명을 과도

하게 강조하면 행위에 의한 칭의로 다시 돌아갈지도 모른다고 염려했다. 그래서 루터는 일하지 않는 것이 쉬는 날에 할 일이라는 칼슈타트의 주장까지도 반대했다. 그렇게 '일하지 않는 것'이 더 교묘하기는 하지만 공로로 칭의를 얻는 새로운 방편이 되기 쉬웠기 때문이다. 반면 개혁 신학자들은 이 율법을 기독교인과 교회의 생활뿐 아니라 사회 전반에 적용하는 경향이 있었다. 그래서 정도는 다르지만 츠빙글리, 부처, 불링거, 칼뱅은 주의 날에 쉬도록 세속 정부가 개입해서 법으로 정하게 하고자 했다. 그리고 대부분 재세례파였던 초기 제칠일 안식일엄수주의자들이 있다. 이들은 계명 전체가 도덕법이므로 그 계명 전체를 지켜야 하며 여기에는 첫째 날이 아니라 일곱째 날을 떼어 놓는 일도 들어간다고 주장했다.

초기 영국 안식일엄수주의

영국제도^{英國諸島}로 옮겨 가 보면, 중요한 발전이 일어나고 있었음을 볼 수 있다.[1] 성공회는 발전 초기 단계에는 성경과 양립하지 않는 부분만 개혁하고 나머지는 유지하고

자 했다. 성공회의 이러한 주된 정책은 루터가 대륙에서 제안한 정책과 유사했다. 그러나 그 후 메리 튜더 치세 때 메리 여왕의 박해를 피해 달아난 이들 중 다수는, 제네바와 네덜란드, 그리고 루터파가 아니라 개혁파 신학이 우세하던 지역들로 갔다. 메리가 죽고 엘리자베스가 왕위를 계승하자 이 망명자들이 돌아왔으며, 이들과 함께 루터파보다는 강경한 칼뱅파 신학 관점이 들어왔다. 스코틀랜드에서도 비슷한 일이 일어나서 스코틀랜드의 개혁자 존 녹스 역시 달아나서 대륙으로 몸을 피했으며, 제네바로 가서 칼뱅을 만났다.

망명에서 돌아온 지도자들 상당수는 성공회에서 도입한 온건한 변화가 만족스럽지 않았다. 이들은 수세기에 걸쳐 교회 관습에 덧붙은 사항인 예복, 예배 기호^{sign}, 오르간 음악, 국왕의 신하인 유력한 주교들 등을 모두 교회에서 제거해야^{purify} 한다고 확신했다. 그래서 이들에게 '청교도^{清教徒}, puritan'라는 별명이 붙었다. 이들은 칼뱅주의자였으므로 교회뿐 아니라 시민 사회 전체가 성경에 나오는 대로 하나님의 율법을 반드시 따라야 한다고 굳게 믿었다. 엘리자베스 여왕이 다스리는 동안 청교도들은 보통은 저지당했으며, 간혹 탄압도 받았다. 그러나 이 운동은 끈

질기게 이어졌으며, 스코틀랜드에서는 입지를 굳히기도 했다. 이윽고 청교도 운동은 스코틀랜드의 메리 스튜어트 여왕을 몰락시켰고, 여왕은 영국으로 달아났다가 결국은 사촌 엘리자베스의 명령으로 사형에 처해졌다. 그러나 불안 상황은 스코틀랜드에 한정되지 않았다. 이러한 불안 상황은 1649년 영국 청교도 혁명과 찰스 1세의 참수형으로 이어졌다.

청교도들 사이에서 의견이 일치하지 않는 부분이 많기는 했지만, 이들은 교회와 시민 사회를 모든 면에서 하나님의 율법에 따라 개혁하는 데 헌신했다. 여기에는 성실하고도 단호한 '안식일' 준수도 들어간다. 그러나 이들 대다수에게 안식일은 보통 '토요일'이라고 알고 있는 한 주간의 일곱째 날이 아니라 첫째 날인 '일요일'이었다. 그러므로 청교도는 독실한 안식일엄수주의자이기는 해도, 제칠일 안식일엄수주의자는 아니었다.

이 내용을 이해할 때 중요하게 고려할 부분은 언어가 발달한 방식과 '안식일^{Sabbath}'이라는 영어 단어의 의미다. 중세 내내 흔히들 일요일이 안식일을 대신한다고 말했지만, 결코 일요일을 사바툼^{sabbatum}이라고는 부르지 않았다. 일요일을 사바툼이라고 부르기는 혼란스러웠을 것이며, 심지어 불가능하기도 했다. 일요일인 도미니카 하루 전 날의 이름이 사바툼이었기 때문이다. 마찬가지로 로망어 대부분과 그리스어에서도 이미 한 주간의 일곱째 날 이름이 안식일^{Sabbath}이었다. 누군가 스페인 사람에게 도밍고^{domingo}가 사바도^{sábado}라고 말한다면 그 스페인 사람은 무슨 생각이 들겠는가? 그럼 진짜 사바도는 어떻게 되겠는가? 하지만 영어에서는 한 주간의 일곱째 날 이름이 안식일과 아무 연관이 없었다. 그러한 문제에 관심 있는 이들에게는 한 주간의 일곱째 날이 사투르누스의 날이었고, 일반 사람들에게는 그저 '토요일'일 뿐이었다. 그래서 전통적으로 '일요일'이라 부르던 한 주간의 첫째 날을 '안식일'로 부르기가 너무나도 쉬웠다. 이 일이 주의 날인 도미니카가 유대교의 안식일을 대신하게 되었다는 정말로 오래된 주장의 최종 단계라고 주장할 수도 있겠다. 이제 안식일이라는 이름까지도 일요일에게 넘어갔으니!

이러한 까닭에 대개 영국과 스코틀랜드의 안식일엄수주의는 제칠일 안식일엄수주의의 형태를 취하지 않았으며, 오히려 이제 쉼에 대한 율법을 보통 '안식일'이라 불리는 일요일에 최대한으로 적용하자고 주장했다.

'안식일'이라는 단어는 청교도주의가 등장하기 전부

터 일요일을 부르는 데 사용되었다. 이를테면 1547년과 1548년에 출간되어서 모든 교회에 선포된 《국왕 폐하가 지정하신 설교 Certain Sermons Appointed by the King's Majesty》 중 하나에서는 이렇게 명시한다. "이제 하나님의 백성이 함께 자주 드나들어야 하는 곳, 특히 안식일 즉 일요일이자 거룩한 쉼의 날을 지키고 거룩하게 해야 하는 곳에 대하여."[2] 또 존 후퍼는 초기 저작 중 하나에서 이렇게 주장한다. "우리가 지키는 이 일요일은 많은 이들이 말하듯이 인간의 계명이 아니고…이 하루(일요일)를 우리의 안식일로 지켜야 한다는 명령으로 표현되어 있다."[3]

헨리 8세 치세 때 취리히로 추방당한 후퍼는 안식일/일요일에 허용되는 일과 허용되지 않는 일과 관련하여, 나중에 청교도가 받아들인 안식일에 대한 견해를 이미 견지하고 있었다. 이 견해에는 개혁 신학의 특징과, 하나님의 율법을 사회 질서를 세우는 기초로 사용하는 것에 대한 관심이 진하게 배어 있었다. 다음은 안식일 계명에 대한 후퍼의 대표적인 의견이다. "안식일의 쉼과 여유를 운동과 도박과 오락에 그릇 사용하고, 안식일에 시장을 연다면 안식일을 욕되게 하는 것이다."[4]

이것은 후퍼의 독창적 생각이 아니다. 사실 영국에서는

오래 전부터 일요일의 의무와 중요성을 강조했다. 헨리 8세와 에드워드 4세가 다스리던 시절에 종교개혁을 지지한 다른 많은 이들도 비슷하게 생각했다. 이를테면 휴 래티머가 그런 경우다. 후퍼와 래티머 모두 메리 튜더가 로마 가톨릭을 재건하고자 하는 동안에 사형 선고를 받은 사람에 포함되지만, 이들의 유죄 선고에서 안식일의 엄격한 준수 문제는 쟁점이 아니었다. 따라서 16세기 초반 종교개혁의 지도자들은 대부분 후퍼와 비슷하게 안식일엄수주의를 견지했지만, 그러한 견해를 그다지 획기적으로 여기지 않았기에 안식일엄수주의는 크게 논란거리가 되지 않았으며, 그저 기준이 높은 주장에 불과했다.

종교개혁 초기 수십 년 동안 안식일 준수를 장려하고 정의하고 요구한 많은 설교와 강의와 논문을 읽어 보면 세 가지 주제가 거듭 등장한다. 첫째 주제는 안식일과 창조의 관련성이다. 특히 십계명에서 언급하는 이러한 관련성은 안식일이 한시적인 의식법이 아니라 바로 창조 질서의 일부이기에 모든 이가 순종해야 하는 도덕법임을 시사한다. 둘째 주제는 사람들이 대부분 동의하듯이 안식일은 어디에서나 유효한 계명이지만, 이것이 유대인이 지키는 한 주간의 특정한 요일에 꼭 들어맞지는 않는다는 사실이다. 다름 아닌 사도들이 하나님의 감동을 받아 안식일을 준수하는 날을 한 주간의 일곱째 날에서 첫째 날로 변경했다. 초대교회에서처럼 일요일 준수를 예수의 부활과 연결하는 글도 더러 있지만, 논의의 중심 주제는 아니었다. 셋째이자 가장 눈에 띄는 주제는, 주의 날(일요일)에 안식일을 제대로 지키려면 상세하고도 정밀하게 법을 제정해야 한다는 내용이다.

이 모든 사항에 대해 이 초기 영국 안식일엄수주의자들은 후기 청교도 안식일엄수주의에게 동의할 것이다. 사실 초기 안식일엄수주의자들이 본격적인 청교도 운동의 전신이라고 말하는 이들이 많다.

점점 증가하는 논쟁

16세기 말을 향해 가면서 안식일, 즉 일요일 문제는 신랄한 논쟁 대상이 되었으며, 곧 정치적 논란에 휘말렸다. 16세기 말 수십 년 동안 영국의 특징은 장로교에 대한 두려움이 점점 커졌다는 것이다. 엘리자베스 여왕에 따르면, 반드시 모든 사람이 이웃인 스코틀랜드를 바라보면서, 장로교 사상에서 생겨난 혼란과 분열, 그로 인한 메리 스튜어트의 몰락과 추방을 인지해야 했다. 사실상 국가 각료인 주교들이 다스리는 교회는 왕정의 버팀벽으로 보였지만, 장로회가 다스리는 교회는 아마 정치 질서를 뒤엎고 파괴할 수 있었을 것이다. 엘리자베스 여왕 치세 초기에 망명자들이 영국으로 돌아오면서 츠빙글리나 칼뱅 같은 개혁 신학자에게서 배운 사상이 함께 들어왔다. 이웃 스코틀랜드에서는 그러한 사상이 장로교로 발전해서 정치 불안과 혁명으로 이어졌다. 그러나 영국에서는, 성공회가 개혁 신학을 대부분 지지하기는 했어도 그 정치 체제 안에서 여전히 주교 제도를 확고하게 유지했다. 이러한 경향은 장로교도에 대한 처벌 때문에 강화되어서, 1607년 주교제도와 군주제 정권의 옹호자라는 어느 사람이 장로교는 영국에서 뿌리가 뽑혔다고 으스댈 수 있을 정도까지 되었다. 그 후 수십 년 세월이 이 사람의 완전한 판단착오를 증명했지만 말이다!

1595년에 케임브리지 근처 마을의 사제이자 장로교 성향이라고 소문난 니콜라스 바운드가 《알기 쉽게 설명한 안식일 교리 *The Doctrine of the Sabbath Plainly Layde Forth*》라는 제목으로 '경건한 기독교 독자들에게' 보내는 편지 형식의 논문을 한 편 발간했다. 캔터베리 대주교였던 존 위트기프트는 그 논문 출간을 막으려 했으며, 1597년에는 개정판 발간을 저지하는 데 성공했다. 위트기프트가 그렇게 한 이유는 분명치 않지만, 아마도 바운드의 장로교 성향이 그러한 갈등에 한몫을 한 듯하다. 하여간 바로 이 시기에 안식일엄수주의가 신랄한 논란의 대상이 되었다. 장로교 신념을 강력하게 반대하던 사제 토마스 로저스는 안식일엄수주의와 장로교주의를 연결시키려는 설교를 했다. 1606년에 바운드가 더 폭넓은 저술로 답하자, 이듬해에 로저스는 성공회 39개 신조를 바탕으로 장로교주의와 안식일엄수주의를 반대하는 자신의 주장을 기초로 하는 광범위한 논문으로 응수했다.[5]

바운드와 로저스의 논쟁에서 요점은 안식일을 일요일에 지켜야 하느냐 여부가 아니라 일요일을 지켜야 하는 이유였다. 두 사람 모두 안식일을 일요일에 지키는 데는 동의했다. 바운드를 비롯한 영국 안식일엄수주의자들은 하나님의 감동을 받은 사도들이 일곱째 날을 첫째 날로 변경했다고 주장했다. 아니, 그리스도께서 친히 그렇게 변경하셨다고 주장하기도 했다. 로저스는 교회의 권위가 그러한 변경을 했다고 주장했다. (기억해 둘 만한 것은, 이 문제가 종교개혁 시기에 개신교-가톨릭 논쟁에서 이미 불거졌으며, 가톨릭에서는 일반적으로 교회의 조치로 일요일이 확립되었으며, 그 사실이 성경을 해석하고 그 해석을 적용할 방법을 정하는 교회의 권위를 증명한다고 주장한다는 점이다.)

적어도 로저스가 문제라고 보았다시피 여기서 위태로운 것은 다름 아닌 교회의 권위였다. 따라서 주교의 권위가 위태로웠고, 결국은 국왕의 권위가 위태로웠다. 로저스는 안식일엄수주의자는 변장한 장로교도에 불과하며, "분명하게 장로회를 세우는 자들이 아니라…성 안식일Saint Sabbath이라는 새로운 우상을 세우는 자들"이라고 확신했다.[6]

논란은 나중에 역사가 토마스 풀러가 "안식일 자체에는 전혀 쉼이 없다"는 우스갯소리를 할 정도로 점점 더 격렬해졌다.[7] 이 논란은 심각한 결과를 낳았다. 안식일엄수주의와 연결시켜서 장로교주의에 대응하려는 시도가 역효과를 냈다. 최종적으로는 성공회 내부의 안식일엄수주의자들 사이에서 장로교주의에 더욱 공감하는 결과를 낳았기 때문이다. 결국 위트기프트 대주교가 일찍이 한 말과는 반대로 장로교주의가 주교제도뿐 아니라 군주제도 무너뜨렸다. 존 프리머스는 간단명료하게 말한다. "안식일엄수주의는 좌절한 장로교도가 낳은 비밀 혁명 지침이 담긴 급진적 운동이 아니었다.…오히려 반反안식일엄수주의는 이 온건한 운동에 대한 불필요한 대응이었다.…반反안식일엄수주의는 안식일엄수주의를 청교도 진영으로 완전히 몰아넣었고, 동시에 17세기 영국 개신교의 양극화를 심화시킨 원인이 되었다."[8]

그러므로 로저스의 잘못은 안식일엄수주의를 장로교주의와 연관 지은 일이라고 결론내릴 수도 있다. 안식일엄수주의는 의례와 규정으로 일요일을 거룩하게 지킨다는 의미에서 다름 아닌 영국 종교개혁의 성격의 한 측면이다. 앞에서 살펴보았듯이 안식일엄수주의 사상은 후퍼와 래티머 같은 초기 지도자들뿐 아니라 교회의 공식 설교에도 등장했다. 안식일엄수주의를 장로교주의와 연결하고, 반反안식일엄수주의를 충성스러운 성공회주의와 연결하자, 17세기의 격변을 위한 무대가 마련되었다.

안식일: 혁명이 쉼을 명령하다

다들 알고 있듯이 영국에서 17세기는 청교도주의로 고취

된 혁명과 이어진 찰스 1세의 처형으로 얼룩져 있었다. 청교도는 권력을 장악하면서 법을 제정하여 주의 날의 거룩함을 보호하고자 했다. 1644년 장기 의회는 "고위 성직자 도당[주교들과 다른 고위 성직자들의 지지를 받는 이들이라는 의미]이 그날의 도덕성에 반대하여 간행한 서적들, 곧 이날에 대한 신성모독을 묵인하여 영혼을 위험에 빠뜨리고 참된 종교에 대해 편견을 갖게 하며 전능하신 하나님을 크나크게 욕되게 하고 이 땅에 그분의 응당한 진노와 분을 일으키는 갖가지 불경한 서적에" 대응하는 법을 공표했다.[9]

이러한 표현은 청교도들이 주의 날을 거룩하게 지키는 일을 심각하게 여겼다는 사실을 보여 준다. 넷째 계명은 도덕법이어서 인류 전체에게 적용할 수 있으므로 이 계명에 순종하지 않으면 영혼이 위험에 빠진다. 더욱이 이 계명에 충실히 복종하지 않으면 나라 전체가 하나님의 진노 아래 놓이게 된다! 그러므로 주의 날 준수는 교회뿐 아니라 세속 정부도 관심을 기울일 문제다. 전통적인 개혁파의 강조점을 극단적으로 받아들이자, 율법의 제3의 용도가 이제 사회 전체가 십계명에서 명하는 대로 율법에 순종하도록 세속 법률이 강요해야 한다는 의미가 되었다.

그리고 청교도가 보기에 넷째 계명은 특히 경시받는 계명이었다. 흔히 그렇듯이 이러한 신학 논리는 그 '고위 성직자 도당'을 약화시킴으로써 군주제 자체도 위협하려는 정치적 의도와 결부되었다.

장기 의회 법으로 돌아가 보면, 그 법은 이렇게 명령한다.

> 아무든지 주의 날에는 물건이든 상품이든 약초든 옷감이든 동산動産에 해당하는 무엇도 사람들 앞에서 팔려고 외치거나 늘어놓거나 내놓아서는 안 된다.…마찬가지로 합당한 이유가 없다면 그날에는 아무도 여행을 하든지 짐을 나르든지 하는 세상적인 어떠한 노동이나 일도 일절 하지 말아야 한다. 앞으로 아무도 주의 날에 레슬링이나 사격, 볼링, 오락이나 여가용 종치기, 가면극, 밤샘 축제, 맥주를 마시며 즐기는 교회 축제, 무도회, 도박, 취미나 유흥 등등을 행하거나 지키거나 계속하거나 그것을 하는 자리에 있어서는 안 된다.[10]

발생 가능한 이러한 위반 각각에 대해, 또 그 밖에 많은 위반에 대해 이 법령은 구체적으로 형벌을 정했고, 형벌 대부분은 재산이나 물건 압류나 벌금이다. 어린아이가 주의 날의 거룩함을 방해하는 일을 했다면, 보호자가 책임을 지고 벌을 받는다. 양해가 필요해 보이는 부분에 대해서는 의회가 허용한다.

> 가정에서 하는 고기 손질, 혹은 여관과 음식점에서 적정선을 지키면서 하는 음식 손질과 판매는 허용한다. 그 일을 할 수 있는 방법이 달리 없기 때문이다. 또 9월 10일부터 3월 10일까지는 아침 9시 이전이나 오후 4시 이후에, 3월 10일부터 9월 10일까지는 아침 8시 이전과 오후 5시 이후에 소리쳐서 우유를 판매하는 것도 허용한다.[11]

그때 이후로 장기 의회는 처벌을 더 강화하고 내용을 점점 더 세밀하게 다듬은 매우 유사한 법을 임기 내내 공표한다. 이를테면 12년 후에는 앞에서 인용한 여행 금지법을 "앞에서 말한 날에 배, 나룻배, 거룻배, 너벅선, 4륜 마차, 가마를 이용하거나 말을 부리는 경우, 또는 그 중에 하나라도 사용하여 여행하거나 일하는 경우"로 설명한다.[12]

주의 날에 특정 행동을 금지하는 이러한 법에는 '지침Directory'이 딸려 있었는데, 이 역시 1644년에 의회에서 공표했으며 공적·사적으로 드리는 예배와 기도를 다루고 있다. 이 내용은 상세히 인용할 가치가 있다.

> 주의 날을 미리 기억해 두어야 한다. 그래서 일상의 직업인 세상의 모든 일을 잘 정돈하고 시간에 맞춰서 중단해야, 주의 날이 되었을 때 그날을 마땅히 거룩하게 하는 데 아무 지장이 없을 수 있다.
>
> 그날 하루는 공적으로든 사적으로든 온전히 주께 거룩한 날로, 기독교의 안식일로 지켜야 한다. 그렇게 하기 위해서는 온종일 모든 불필요한 노동을 거룩하게 중단하고 쉬어야 하며, 모든 오락과 취미 생활은 물론이고 세상에 속한 말과 생각도 모두 반드시 삼가야 한다.
>
> 이날 음식 준비는, 하인들이 공적인 예배에 쓸데없이 늦거나 아무튼지 그날을 거룩하게 지키는 일이 방해를 받지 않을 정도로 지시해야 한다.
>
> 개인적으로 각 사람과 가정에서는, 하나님이 목사를 도우시기를, 목사의 사역에 복을 주시기를 기도하고, 그 외 각자 성찬식에서 하나님과 더 편안하게 교제하게 해 줄 거룩한 일을 하면서 준비한다.
>
> 모든 사람이 제때에 공적인 예배에 모여서 예배를 시작

할 때 회중 전체가 출석해 있어야 하며, 한마음으로 엄숙하게 예배의 모든 순서에 참여해야 하고, 축도할 때까지 아무도 자리에서 떠나서는 안 된다.

회중이 함께하는 공적이고 엄숙한 집회 중간이나 집회 후에 남는 시간은 안식일을 크나큰 기쁨으로 여기며 책 읽기, 명상, 예배 되새김(특히 가족들에게 예배에서 들은 내용을 설명하라고 하고 교리를 가르치면서 되새기기), 거룩한 회의, 성찬식에 복 주시기를 구하는 기도, 시편 찬송, 병자 심방, 빈자 구제, 그와 유사한 경건과 자비와 자선의 의무를 이행하면서 보내야 한다.[13]

웨스트민스터 신앙고백

1647년 웨스트민스터 총회에서는 일요일/안식일에 대한 청교도의 관점을 교회의 교리로 제정했다. 이 총회는 하나님을 예배하는 데 시간을 드리는 것은 자연법의 일부이며, 그러한 예배를 특정한 날인 안식일에 드리는 것은 하나님이 계시하신 법의 일부이기에 모든 이에게 구속력이 있다고 선언했다.

VII. 대체로 하나님을 예배하기 위해 적절한 비율의 시간을 따로 떼어 놓는 일은 자연법이므로, 하나님은 말씀 속에서 모든 시대 모든 이에게 구속력 있는, 분명하고도 도덕적이며 영원한 계명으로 칠일 중 하루를 안식일로 영원히 정하셔서 하나님께 거룩한 날로 지키게 하셨다. 안식일은 창세부터 그리스도의 부활까지는 한 주간의 마지막 날이었고, 그리스도의 부활 이후에는 한 주간의 첫째 날로 바뀌었다. 이날이 성경에서 주의 날이라고 일컫는 날이며, 세상 끝날까지 기독교의 안식일로 계속 이어질 것이다.

VIII. 이 안식일을 주께 거룩한 날로 지키려면, 마음을 합당하게 준비하고 범사를 미리 정돈해 놓은 후에 종일토록 세상일이나 오락과 관련한 수고와 말과 생각을 중단할 뿐 아니라 공적·사적으로 그분을 예배하며, 불가피한 일을 하며, 경건의 의무를 이행하는 데 모든 시간을 쏟아야 한다 《웨스트민스터 신앙고백》 21.7-8).

웨스트민스터 총회는 일반 대중에게 이러한 이해를 주입할 수단도 제공했다. 소요리문답에서는 이렇게 말한다.

제59문: 하나님께서는 칠일 중에 어느 날을 매주의 안식일

로 정하셨습니까?

답: 창세부터 그리스도의 부활까지는 하나님이 한 주간의 일곱째 날을 매주의 안식일로 정하셨고, 그 후로는 세상 끝날까지 한 주간의 첫째 날을 안식일로 정하셨으니 이날이 기독교의 안식일입니다.

제60문: 어떻게 하면 안식일을 거룩하게 할 수 있습니까?

답: 다른 날에는 합법적인 세상일과 오락까지도 중단하고 온종일 거룩하게 쉼으로써, 또 불가피한 일과 자선 행위에 내어 줄 시간 외에는 공적·사적으로 그분을 예배하는 일에 모든 시간을 쏟음으로써 안식일을 거룩하게 할 수 있습니다.

제61문: 넷째 계명에서는 무엇을 금합니까?

답: 넷째 계명은 반드시 해야 하는 의무를 소홀히 하거나 부주의하게 이행함으로써, 게으름으로나 그 자체로 죄 되는 일을 함으로써, 세상일과 오락과 관련한 쓸데없는 생각과 말과 수고를 함으로써 그날을 더럽히는 것을 금합니다.

계속 이어지는 유산

익히 알다시피, 청교도 혁명은 결국 더 심한 종교적 분열, 정치적 혼돈, 내전, 왕정복고, 청교도가 '고위 성직자 도당'이라고 일컫던 성공회의 지배권 회복으로 끝났다. 그러나 안식일에 대한 엄격한 법이 폐지된 후에도, 청교도가 초기 성공회 신학자들에게 물려받아서 지나치게 강조한 안식일 개념은 사라지지 않았다. 오히려 앞으로 살펴보겠지만, 영국은 물론이고 영국이 아메리카 대륙에 건설한 식민지에서도 그 안식일 개념이 일반화되었다. 그리고 어떤 점에서는 지금까지도 이어지고 있다.

그러나 계속 이어진 청교도의 영향력을 다루기 전에, 안식일에 대해 제칠일 안식일엄수주의자가 내세운 또 다른 견해를 살펴보아야 한다.

제칠일 안식일엄수주의

15

첫째 날인가, 일곱째 날인가

이 책을 시작하면서 말했듯이 내 관심사는 기독교인이 지켜야 하는 날이 한 주간의 일곱째 날이냐 첫째 날이냐 하는 논쟁이 아니라 일요일의 역사 자체지만, 제칠일 안식일엄수주의도 일요일에 대한 특정한 견해를 진척시켰으므로 제일칠 안식일엄수주의와 그 기원, 일요일에 대해 말하는 내용을 간단하게라도 살펴볼 필요가 있다.

앞에서 확인했듯이 초대교회는 안식일을 거부하지도 않았고, 주의 날 즉 현재 일요일이라 불리는 도미니카가 안식일의 자리를 차지했다고 주장하지도 않았다. 안식일은 유대인 기독교인은 물론이고 이방인 기독교인도 가능하면 지키려고 하던 쉼의 날이었다. 주의 날은 기독교인이 예배를 위해, 특히 떡을 떼기 위해 모이는 날이었다. 콘스탄티누스 시대에 일요일이 쉼의 날이 된 이후에야 한 주간의 첫째 날인 주의 날이 안식일의 특성을 띠기 시작했으며, 특히 그 거룩한 날에 갖가지 활동을 금하는 법령을 통해서 그렇게 되었다. 그러나 그리스어뿐 아니라 여러 로망어에 안식일이라는 이름이 남아 있는 데서 볼 수 있듯이 안식일은 사라지지 않았다. 동시에 중세로 접어들면서 반유대주의 운동과 정서 때문에 일요일이 이제 안식일을 대신한다는 주장이 늘어났다. 이러한 주장이 특히 영국에서 널리 퍼진 이유는, 영어에서는 일곱째 날의 이름인 토요일Saturday이 안식일과는 아무 관계가 없고 오히려 사투르누스와 관계가 있었기 때문이다. 이렇게 해서 앞 장에서 논의한 청교도 안식일엄수주의의 기초가 놓였다.

그러나 일단 일요일을 '안식일'로 부르기 시작하자 곧바로 의문이 생겼다. 성경에서는 안식일이 일곱째 날이 아닌가? 어떤 권위에 의해 일요일이 안식일이 되었는가? 앞서 살펴보았듯이 이 질문은, 이미 종교개혁 시기에 요한 에크 같은 가톨릭 신자가 이러한 변경은 교회가 했기 때문에 개신교의 원리인 솔라 스크립투라(오직 성경)는 모순이라고 주장하면서 논의된 적이 있다. 영국에서도 '주교제도 지지자들Prelatists'이 비슷한 논거를 사용해서 청교도를 반박했으며, 청교도는 예수께서 부활하심으로 친히 안식일을 한 주간의 첫째 날로 옮기셨다는 주장으로 응수했다.

이러한 정황에서 일요일이 안식일이라는 주장은 성경에 위배된다고, 그래서 예배하는 날로서의 일요일을 폐지해야 하며 넷째 계명이 명하는 대로 한 주간의 일곱째 날이 다시 안식일이 되어야 한다는 결론을 내리는 이들이 있을 수밖에 없었다.

존 트래스크에서 제칠일 안식교까지

이와 같은 주장은 일찍이 대륙에서 오스발트 글라이트와 안드레아스 피셔와 같은 인물이 제시했지만, 상당한 추종자를 얻은 곳은 바로 영국이었다. 일요일을 안식일과 동일시하는 경향이 두드러졌던 곳이 바로 청교도의 영국이었기 때문이다. 성공회에서 사제 서품을 받은 존 트래스크(1585-1636년)는 여러 주장을 했지만 그 중에서도 종교 의례에 합당한 날은 한 주간의 일곱째 날이라는 주장 때문에 청교도 운동이 승리하기도 전에 형벌을 받았다. 트래스크는 결국 그 주장을 철회했지만, 남편 때문에 전향했던 트래스크의 아내는 변함없이 굳건하게 그 주장을 고수했으며, 영국 각지에 있던 소규모 추종자 무리도 마찬가지였다. 유감스럽게도 트래스크가 쓴 글이 하나도 남아 있지 않아서 주로 반대자들을 통해서 트래스크에 대해 알게 되는데, 반대자들끼리도 의견이 서로 다르고 더러는 기괴해 보이는 비난도 했다. 그러나 적어도 트래스크가 일곱째 날과 고대 이스라엘의 음식 규정 준수를 주장한 사실은 분명하다. 또 트래스크는 유아 세례를 반대했고, 초기 십사일파처럼 유월절을 유대교의 유월절에 기념해야 한다고 주장했고, 자기는 오류가 없다고 선언했다는 등등이 전해진다.

테오필루스 브라번(1590-1662년)은 훨씬 더 유명하다. 그는 1628년에 논문을 하나 출간하고 나서 4년 후에 상당한 내용을 덧붙여서 재출간하면서 이번에는 자기 생각을 요약하는 다음과 같은 제목을 붙였다.

"하나님이 명하신 가장 오래되고 거룩한 규례인 안식일 변호. 따라서 그것과 함께 2. 제4계명 변호. 3. 십계명 즉 도덕법, 10개 계명의 온전성과 완전성 변호. 4. 십계명의 첫째 돌판이 기술하는 대로, 모든 면에서 하나님에 대한 온전하고 전적인 예배 변호. 5. 하나님 예배에 있는 미신과 불순물과 부패와, 제4계명에 따르면 안식일인 주의 날을 거룩하게 하는 중에 많은 이들이 범하는 우상숭배 폭로."

그런 다음 부제를 달아서 논문의 목적을 분명히 한다.

"모든 반^反안식일주의자들, 즉 개신교 신자, 가톨릭 신자, 도덕률 폐지론자, 재세례파는 물론이고 특히 이제 이름을 열거할 열 명의 목사에 반대하여…"

이어서 이 책의 1628년 판을 맹렬히 비난한 목사들의 이름이 나온다.

브라번은 이단으로 재판받고 주장을 철회하라는 명령을 받았지만, 실제로 철회했는지 또 얼마나 오랫동안 철회했는지는 전반적으로 불분명하다. 어쨌든 브라번의 사상은 결코 자취를 감추지 않았다. 브라번이 아직 생존해 있던 1661년에, 성장하고 있던 침례교 운동과 그의 사상이 통합되어서 제칠일 침례교의 탄생이라는 결과를 낳았다. 그때 이후로 제칠일 안식일엄수주의는 계속 존재하면서 여러 형태를 취했지만, 보통 브라번이 제시한 논거와 유사한 논거를 채용했다. 그 중 가장 유명한 형태가 제칠일 안식일재림교로, 이는 예전에 윌리엄 밀러(1782-1849년)를 따르던 이들이 1863년에 제일칠 안식일엄수주의를 받아들이면서 시작되었다. 매사추세츠에서 태어난 밀러는 신앙과 관련하여 심각한 고뇌를 겪은 후에 깊은 회심을 경험했으며, 그 후 침례교 설교자가 되었다. 그런 다음 성경의 예언을 연구하는 데 몰두하여, 주의 재림이 1843년이나 그보다 일찍 일어나리라는 확신에 이르게 된다. 그 일이 일어나지 않았던 때인 '대실망Great Disappointment' 이후, 이전에 밀러를 따르던 이들 대다수가 밀러의 예언을 다시 계산했지만, 비슷한 사상을 유지했다. 이들 중 더러는 지금도 존재하는 아주 소규모인 그리스도재림교회Advent Christian Church가 되었지만, 나머지는 밀러의 사상과 제칠일 안식일엄수주의를 결합했고, 그래서 제칠일 안식일 예수재림교가 탄생했다. 제칠일 안식일 예수재림교는 현재 전 세계에 교인 2천만 명이 있으며, 제칠일 안식일엄수주의를 대표하는 교파다.

청교도의 해법

일요일과 일요일의 역사라는 내용으로 돌아오면, 제칠일 안식일엄수주의를 콘스탄티누스 시대에 시작한 과정의 최종 발전 단계로 볼 수도 있다. 콘스탄티누스 시대 이전에는 주의 날, 즉 한 주간의 첫째 날에 지키던 도미니카가 쉼의 날은커녕 안식일을 대신한다는 시각조차 일반적이지 않았다. 기독교인이 한 주간의 첫째 날에 떡을 떼고 세례를 행하려고 모이기는 했지만, 분명 유대인 출신인 이들과 이방인 출신이었을 대다수는 여전히 일곱째 날을 매주 경건한 마음으로 대했으며, 자신들이 속해 있던 사회체제가 허락하는 한 그날에 쉬려 했다. 그러나 콘스탄티누스가 태양의 날인 한 주간의 첫째 날이 쉼의 날이 되도록 하는 법을 반포하자, 일요일이 안식일의 자리를 차지하는 듯이 보이는 과정이 시작되었다. 그 결과로 주의 날에 허용되는 일에 대한 법률이 점점 더 많이 제정되었다. 그와 같은 입법 행위는 영국 청교도들 사이에서 절정에 이르러, 넷째 계명에 기반을 두면서 (일요일을 뜻하는) '안식일' 준수와 관련된 세세하면서도 전에 없이 엄중한 법률이 덧붙었다.

이러한 논쟁 전반에서 한 주간의 첫째 날에 대한 초기 기독교의 이해는 대체로 잊혔거나 적어도 눈에 띄지 않는 곳에 있을 수밖에 없었다. 제칠일 안식일엄수주의자들에게 일요일은 콘스탄티누스가 고안했거나, 혹은 일부 사람들이 역사적 확증 없이 주장하듯 교황들이 고안한 일종의 일탈이었다. 반면 청교도 안식일엄수주의자들에게 일요일은 그야말로 기독교의 안식일이어서 넷째 계명의 지시에 따라야 하는 날이었다. 한 주간의 첫째 날에 그리스도께서 다시 살아나심으로써 일곱째 날에 지키던 옛 안식일을 폐지하시고 첫째 날 안식일을 확립하셨다고 주장하는 경우 외에는 이날을 그리스도의 부활의 날로 거의 말하지 않았다. 한 주간의 첫째 날이 첫 창조의 첫날이며, 부활이 새 창조의 첫날이라고 말하는 경우나, 혹은 한 주간의 여덟째 날인 일요일이 마지막 날을 선포하고 미리 맛을 보여 주는 날이라고 말하는 경우는 훨씬 더 드물었다. 이제 일요일은 의무를 지키고 자기 수양을 하는 날로서 교회에 가고 기도하고 자선 행위에 전념하는 날이 되었다. 성찬은 오랫동안 일요일 예배의 중심이었으나 이제는 뜸한 행사가 되었으며, 더는 주의 부활에 대한 기쁨이 아니라 인간의 죄와 그 죄의 결과인 십자가에 대한 슬픔에 중점을 두었다.

청교도 안식일엄수주의의 지속

16

대영제국에서의 안식일엄수주의

청교도 혁명은 지속되지 못했고 1660년에 왕정이 복고되었지만, 청교도 안식일엄수주의는 소멸하지 않았다. 국교회에 맞선 장로교의 음모에 대한 두려움이 사그라지자, 오히려 청교도 안식일엄수주의는 다른 곳뿐 아니라 국교회 안에서도 계속 융성했다. 영국에서 시작해서 영국 식민지까지, 마침내는 식민지 이외 지역으로까지 퍼져 나갔다. 이렇게 지속된 안식일엄수주의는 앞에서 두 장에 걸쳐서 대략 서술한 청교도의 주장에 덧붙인 내용이 거의 없으므로 여기서 안식일엄수주의의 신학적 발전을 따라갈 필요는 없다. 단지 대영제국과 그 외 지역에서 안식일엄수주의가 존속한 예만 몇 가지 보여 주겠다.

성공회 사제인 윌리엄 로(1686-1761년)는 지금도 기독교 경건 분야에서 상당히 영향력 있는 영어권 저자 중 하나다. 1728년에 발행한《경건한 삶을 위한 부르심*A Serious Call to a Devout and Holy Life*》은 곧 영국에서 가장 널리 읽히는 경건 서적이 되었다. 이 책은 윌리엄 로처럼 성공회 교인이면서 로의 주장을 실증하는 허구의 인물들을 묘사함으로써 교훈과 훈계와 경고를 더 강렬하게 전한다. 안식일과 관련하여 칼리더스 같은 인물은, "다른 일은 하나도 생각할 수도 없이 한 주 내내 사업에 파묻혀 지내다가 일요일은 한가하게 원기를 회복하며, 시골을 거닐며, 한담과 모임을 즐기며 보내면서 그날을 일주일 중 최악인 날로 만들어 버리는" 사람 중 하나다.[1] 또 다른 예인 플라비아는 얼굴에 난 뾰루지 하나 때문에 깊은 근심에 잠기고, 일요일마다 교회에 가는, 겉으로 보기에 매우 경건한 여자다.

> 일요일에 플라비아를 찾아가면, 늘 좋은 친구들을 만나고, 세상에서 어떤 일이 일어나고 있는지 알게 되고, 최신 풍자문을 듣고 누가 그 글을 썼으며 거기에 나오는 이름이 누구를 뜻하는지 듣게 될 것이다.…플라비아는 일요일에 카드놀이를 하는 사람들을 무신론자라고 생각하지만, 교회에서

돌아오자마자 모든 게임의 세세한 차이, 자기에게 있는 카드, 게임 방법, 카드놀이의 모든 내력을 들려줄 것이다. 저속하고 인간성이 나쁜 사람이 누군지, 허영심이 많고 한껏 멋을 부린 사람이 누군지, 사치스럽게 사는 사람이 누군지, 빚이 있는 사람이 누군지 알고자 한다면…일요일에 플라비아를 찾아가면 된다.[21]

이 인용문과 이와 유사한 많은 내용들은 실례를 들어서 윌리엄 로가 일요일 준수에 부여한 의미를 보여 주지만, 다른 두 가지 사항도 눈여겨볼 만하다. 첫째는, 로는 그 시대의 다른 많은 경건한 사람들처럼 플라비아가 일요일마다 충실히 교회에 가는 것을 당연히 여겼다는 점이다. 로는 일요일이 뒷전으로 밀려난 사회가 아니라, 일요일 교회 출석이 전반적으로 당연하던 사회에 대고 글을 쓰고 있다. 둘째, 로는 그러한 교회 출석이 플라비아에게는 거의 헛수고라고 보았다는 점이다. 그날의 나머지 시간을 기도와 경건 서적 읽기와 자선 활동에 전념하면서 주의 날을 지키지 않았기 때문이다. 법으로 강제할 때만큼 많이들 지키지는 않았지만, 청교도 안식일엄수주의는 여전히 살아남아 있었다. 일요일은 교회 출석과 경건과 자선 활동에 전념하는 날이다.

아마 그 다음 세대의 가장 영향력 있는 종교 지도자였을 존 웨슬리(1703-1791년)도 비슷한 생각을 품었다. 웨슬리에게는 일요일 교회 출석이 너무나 중요했기에, 인생의 대부분 동안 쭉 감리회에 지시하기를, 사람들이 성공회 예배에 참여하여 성찬을 받을 수 있도록 일요일에는 모이지 말라고 했다. 역사상의 기독교인 대부분처럼 웨슬리도 기독교 예배에서 가장 중요한 사항은 성찬이라고 믿었기 때문이다. 감리회에서는 성찬을 제공하지 않았기 때문에, 감리교인에게 성공회 교회에서 일요일에 거행하는 성찬 참여를 장려했다. 어떤 경우든 안식일에 대한 웨슬리의 생각은 본질적으로 청교도와 똑같아서, 청교도처럼 일요일을 지칭할 때 '안식일'이라는 단어를 사용하고, 그날에 쉼에 대한 율법을 적용한다. 그러나 일요일과 관련하여 웨슬리는 예배에만 관심을 기울이지 않았다. 그날 하루 전체를, 또 그날을 보내는 방법을 규제해야 한다고도 주장했다. 웨슬리는 풍습 개혁 협회Society for the Reformation of Manners 앞에서 설교하면서 그들에게 "그 거룩한 날에 사람들이 매매를 하고 가게를 열고 선술집에서 술을 마시고, 거리와 길과 시장에서 앉거나 서서 평소에 하던 것처럼 물건을 팔면서, 특히 일요일마다 그러한 자들이 무어필드 이쪽에서 저쪽까지 가득 모여서 무례하고도 공공연히 저지르는 신성모독"을 막을 방법을 강구하라고 권고한다(《설교집Sermons》52.1.1).[3]

국교회에 속한 많은 이들이 웨슬리를 의심의 눈초리로 보았지만, 웨슬리는 성공회 사제였으며, 안식일(즉, 일요일) 준수라는 특정 쟁점에 관해서는 성공회 지도자들 다수가 웨슬리에게 동의했다. 1780년에 의회는 일요일 준수법 Sunday Observation Act에서, 이전 청교도 안식일 법령에서 중요했던 한 요소를 지지하며 입장료를 내야 하는 모든 오락을 금지했다. 윌리엄 페일리 같은 반(反)안식일주의자조차도 일요일 쉼을 장려했다. 종교적 이유보다는 경제적 측면에서 권할 만하기 때문에 장려했지만 말이다. 노예제도 폐지로 가장 유명한 윌리엄 윌버포스(1759-1833년)도 일광욕을 하며 부활 주일을 보냈다고 알려져 있기는 하지만, 그 운동에 동참했다. 그 무렵 안식일 법은 순식간에 정치적 편의의 문제가 되고 있었다. 윌버포스는 일요일에 신문을 발행하지 못하게 하려고 했으나, 그 법안은 통과되지 않았다. 여러 다양한 법이, 일요일에 하천 무역과 마차 운송을 하도록 허락한다든지 제빵사가 요리를 하도록

내버려둔다든지 하면서 여러 일을 용인했다.[4]

그때부터 안식일엄수주의자는 안식일 법이 하나님의 뜻이라고 확신한 반면, 정치적 논쟁 대부분은 계속 넷째 계명을 언급하긴 했지만 실제로는 넷째 계명과 거의 관계가 없었으며, 의원들은 자기 선거구에서 안식일엄수주의자의 세력, 원금과 이자의 영향, 노동자를 보호하려는 마음 등등 다른 고려 사항에 의거하여 이쪽이나 저쪽에 투표했다.

미국에서의 청교도 안식일엄수주의

카리브해 지역에서는 꼭 그렇지는 않았지만, 북아메리카에서 초기 영국 식민지 주민 대부분은 청교도 신념을 지니고 있었으며, 그 결과 당시 영국에 있던 법률과 매우 유사한, 아니 훨씬 더 엄격한 법률이 생겼다. 뉴잉글랜드의 소위 '안식령 blue laws'• 일부는 지나치게 열성적인 비평가

• 흔히들 "이 법을 푸른색 종이에 인쇄하였기에 'blue law'라는 이름이 붙었다"[《윤리학 용어사전》(알맹2&도서출판100, 2018), 81]고 하지만, 곤잘레스는 뒤에서 이 법에 blue라는 이름이 붙은 이유는 따로 있다고 설명한다.

들이 위조한 문서일 테지만, 그와 같은 법이 많았고 엄격한 법과 가혹한 형벌이 있었다는 사실에는 의심의 여지가 없다. 1651년 플리머스에서는 어느 여자가 안식일에 빨래를 했다는 이유로 벌금 10실링을 부과 받았다. 백 년 후에 웨어햄에서는 건초를 갈퀴로 긁어모았다는 이유로 벌금 10실링을 부과 받은 사람이 있었다. 목록은 계속 이어진다.[5]

뿐만 아니라 십일조 징수관이라는 직책도 있었다. 이 직책의 연대는 10세기까지 거슬러 올라가지만, 이제는 직무가 재규정되었다. 십일조 징수관은 안식일이 합당하게 준수되는지 확인하고 누구든 위반하는 사람은 꾸짖고 고발하는 특별 감시인으로 뽑혔다. 또 일요일 예배 중에는 묵직한 손잡이가 달린 막대기를 들고 왔다 갔다 하면서 졸거나 자는 사람은 누구든 쿡 찌르거나 때렸는데, 여자들은 매는 안 맞았고 쿡 찔리기만 했다. 그것으로 충분하지 않다면, 막대기 한쪽 끝에 꼬챙이를 달아서, 그냥 쿡 찔렀을 때 잠에서 깨지 않는 사람을 그 꼬챙이로 찔렀다.[6]

긴 예배 시간을 고려하면, 십일조 징수관이 사람들을 계속 깨어 있게 하느라 아주 바빴으리라고 짐작할 수 있다. 사람들은 일요일 아침 일찍 교회에 모였다. 벽시계나

손목시계가 귀했고 보통은 정말 구할 수 없는 물건이었기에, 대개는 종이나 나팔이나 총소리로 교회에 오는 시간을 알렸다. 그러면 가족이 걸어서 교회로 갔으며, 엄격한 서열에 따라서 가장과 아내가 제일 앞에, 그 다음 아이들, 여러 식솔, 하인들이 따라갔다. 목사와 사모가 먼저 교회에 들어갈 때까지 기다리는 일이 관례인 소도시도 더러 있었다. 그런 다음 회중이 들어가는데, 남자들이 한 편으로, 여자들이 다른 편으로 들어간 다음 아이들이 들어가서, 남자와 여자와 소년과 소녀를 구별해서 배정한 자리에 앉았다. 사람들이 앉을 정확한 자리는 좌석 배치 위원회seating committee에서 결정했다. 이러한 자리 배정은 사회적 지위의 표지였으며, 교회 문에 못으로 박아서 공개적으로 알렸기에, 좌석 배치 위원회의 업무는 자주 논란이 되곤 했다.

예배는 일반적으로 찬양과 기도와 설교로 구성되었다. 대부분의 교회에서 성찬은 아주 드물게 시행되었으며, 성찬에 참여하려면 정결하고 헌신적인 삶을 살았다는 증거로 집사들에게서 받은 성찬 토큰을 제출할 수 있어야 했다. 가장 흔히 부르는 찬양은 시편에 곡을 붙인 노래였으며, 일부 증언에 따르면 형편없이 불렀다. 그러나 예배 시간 대부분은 대개 목사가 인도하는 기나긴 기도회와 설교가 차지했다. 회중은 목사가 기도 인도를 하는 동안 서 있곤 했는데, 보통은 한 시간 이상, 가끔은 두 시간 동안 서 있기도 했다. 설교는 장황한 연설로, 때로는 요점이 25개가 넘었고 보통 한 시간 반 이상 계속되었다. 공개적으로 자기 죄를 고백하고 회중에게 기도 부탁을 하려는 사람들이 이용할 수 있는 시간도 있었다.

  그리고 나서 태양이 가장 높이 뜨는 시간이 되면, 회중이 식사를 하고 말을 돌볼 점심 휴식시간을 가졌다. 흔히 교회 근처에는 '정오 주택noon-house'을 지어 놓았다. 겨울에는 이곳에 말을 들여놓았고, 사람들은 점심 휴식을 취하러 갔다. 교회는 보통 난방을 하지 않았고, 정오 주택에는 벽난로가 있거나 벽난로가 없더라도 말에서 온기가 나왔기 때문에 때로는 특히 매력적이었다. 어른들이 설교에 대해, 혹은 그냥 자기 일상생활의 문제에 대해 이야기를 나누는 동안, 아이들은 못된 장난을 치지 못하도록 어른들과 함께 설교에 대해 토론하거나 설교 시간에 필기한 내용을 어른들에게 보여 주고 설명하게 했다. 점심 휴식이 끝나면 회중은 다시 집회 장소에 모여서 아침에 한 것과 같은 종류의 활동을 계속 이어 갔다.

이 모든 활동으로도 아이들의 신앙생활에 충분하지 않은 경우를 대비하여 19세기 초에 '안식일 학교'가 등장했다. (더 이른 시기에 어떤 이들이 그러한 학교를 제창했지만, 그 제안은 안식일을 더럽힌다는 이유로 거절당했다.) 아이들은 어른들과 함께 예배에 참석할 터였기에 보통 안식일 학교는 아침 일찍 6시 30분이나 7시에 시작해서 공예배 시작 몇 분 전에 끝났다.

뉴잉글랜드 식민지에서 안식일(일요일) 준수가 발전하면서, 성경 시대처럼 안식일은 토요일 해질녘에 시작해야 하며 안식일 활동에 대한 여러 제한도 그 시각에 시작되어야 한다고 주장하는 이들이 더러 있었다는 점도 흥미롭다. 그런데 그들은 안식일이 일요일 해질녘에 끝난다는 사실은 고려하지 않은 듯 보이므로, 비평가들은 안식일이 하루하고도 한나절이 되어 버렸다고 우스갯소리를 했다.

안식일이 얼마 동안 계속되든 상관없이 분명 안식일은 종교 활동과 종교 의식으로 꽉 차 있었다. 그런데도 청교도들은 그래도 틈이 생기는 시간에 부적절하거나 볼썽사나운 행동을 하지 못하게 해야 한다고 생각했다. 그리하여 일요일 법, 즉 '안식령$^{blue\ laws}$'이 나왔으며, 그 중 일부는 이 글을 쓰고 있는 지금도 존재한다. 흔히들 믿는 내용과 달리 푸른색 종이에 인쇄했다고 해서 이 법에 '푸른

blue'이라는 이름이 붙은 것은 아니다. 이 이름은 믿음이 깊은 체하는 엄격함을 가리키며 '푸른'이라는 단어를 사용한 데서 유래했을 가능성이 높으며, 아마도 영국의 크롬웰 지지자들인 '블루스타킹스blue stockings'와 연관이 있는 듯하다.* 어느 시대에나 행동을 성문화한 법이 있었지만, 일요일에 적용하는 성문법은 특히 엄격했다. 영국에서처럼 무역과 상거래와 꼭 필요하지 않은 일과 여행이 금지되었으며, 연극과 축제와 같은 활동들도 마찬가지였다. 그런데 그러한 금지를 가끔은 어이없을 정도로 열심히 적용했다. 1656년 보스턴에서 이제 막 3년에 걸친 항해에서 돌아온 켐블이라는 선장이 현관 계단에서 아내를 만나서 키스를 했다. 그런데 이날이 일요일이었기 때문에 이 불운한 뱃사람은 안식일에 사람들 앞에서 음란함을 드러냈다는 이유로 두 시간 동안 공개적으로 차꼬에 매이는 수치를 당했다.

* 블루스타킹스blue stockings는 문학을 좋아하는 여성이나 여성 문학가를 자처하는 여성들을 경멸적으로 이르는 말로, 1750년경 런던에서 재색才色을 겸비한 사교계의 재원인 몬터규 부인, 비제 부인, 오드 부인 등이 연 문학 살롱의 별명에서 유래되었다. 그 중 한 사람이 풍습에 맞지 않게 청색 모직 양말을 신은 데서 이런 이름이 붙게 되었다고 한다. 2019년 11월 30일에 검색한 https://terms.naver.com/entry.nhn?docId=1105706&cid=40942&categoryId=31630(네이버 지식백과 "블루스타킹" 항목) 참고.

세속화와 갱신

17

일요일 쉼의 확대

곧 알게 되겠지만, 청교도 운동은 북아메리카 영국 식민지의 활동 무대를 빼앗기기 시작했으며, 특히 이 13개 식민지가 독립을 선언한 후로 일요일 법도 서서히 쇠퇴하기 시작했다. 그러나 그와 동시에 먼저 영국의 식민지 확장 덕분에, 그 다음 영국과 미국의 선교 사역 덕분에, 마지막으로 세계 경제의 발전 덕분에, 일요일을 쉬는 날로 따로 떼어 놓는 관습이 지리적으로 널리 퍼졌다. 이런 이유로 기독교인이 아주 소수인 중국, 인도, 인도네시아, 몽골, 아프리카 대부분, 파키스탄, 터키, 대만, 그 외 여러 나라에서조차 일요일이 쉬는 날로 유지되었다. 또 이 일요일 쉼이 토요일과 일요일을 포함하는 이틀짜리 주말의 한부분인 경우가 아주 허다하다.

일요일의 세속화

그러나 이처럼 점차 일요일이 세계적으로 쉬는 날이 되자 일요일의 의미가 세속화되는 과정도 함께 따라왔다. 위에서 언급한 많은 나라에서 일요일이 쉬는 날인 이유는 여하한 종교적인 의미 때문이 아니라 전에 기독교국이던 나라들에서 은행과 시장과 정부가 문을 닫기 때문이며, 세계 경제의 등장으로 다른 나라들도 같은 날에 똑같이 문을 닫는 편이 편리했기 때문이다.

안식일로서 일요일을 준수하는 종교적 뿌리가 깊은 나라들에서도 그러한 뿌리가 급속도로 사라졌다. 북아메리카 영국 식민지에서 18세기가 지나면서, 주민들은 점점 다민족이 되었고, 청교도 신념이 깊은 사람들은 안식일의 세속화를 한탄했다. 설교자들은 조용히 묵상하고 자선을 행하며 보내야 하는 일요일 저녁이 와자지껄하게 웃고 떠드는 시간이 되었다며 푸념을 쏟아 놓았다. 어떤 사람들은 안식일을 더럽히지 않으면서 오락을 허용하는 방법으로, 오랫동안 인기 있던 노래뿐 아니라 새로운 노래를 배우고 연습하기 위해(보통은 찬송가나 그 외 종교 음악) '노래 학교'에 모이곤 했다.

신생 공화국에서 처음 몇 년 동안은 일요일에 여러 활동을 금지하는 법을 통과시킨 주써가 많았다. 그러나 여러 주 법원은 그와 같은 법에 거듭 이의를 제기했으며, 다양한 결과를 낳았다. 1961년 연방 대법원은 종교적인 목적만 지닌 일요일 법은 위헌이지만, 세속적인 목적에 이바지하는 일요일 법은 설령 종교적인 정서에서 발원했어도 헌법을 위배하지 않는다고 판결했다. 그때 이후로 법원이 일요일 법에 이의를 제기할 때마다 종교적인 이유로 일요일 법을 지지하는 사람이라 해도 그 법이 사회 전반에 미치는 영향을 근거로 변론해야 했다. 이렇듯 일요일의 세속화는 중국처럼 일요일을 단순히 세상 나머지 나라와 함께 쉬는 날로 떼어 놓은 국가에만 국한되지 않고, 일요일 법의 합법성을 그 법이 세속에 미치는 영향에 따라 판단하는 미국과 같은 나라에도 나타났다.

안식일 법은 쇠퇴했지만, 21세기에 들어와서도 보수 기독교인 대다수에게 상당한 호소력이 있었다. 이들은 청교도가 권력을 잡고 있던 시대처럼 세속 정부가 신실한 신자들뿐 아니라 사회 전체가 하나님의 법에 복종하도록 해야 한다고 확신하고 있었으며, 이것을 흔히 '율법의 제3의 용도'라 불렀다.

그러나 일요일의 역사 전반을 톺아보면 321년에 콘스탄티누스가 그 유명한 칙령으로 시작한 일이 한 바퀴를 돌아 원래 자리로 온 듯하다. 321년까지 기독교인들은 한 주의 첫째 날인 주의 날을 예배의 날로 지켰으며, 그날에 쉬어야 한다는 생각은 특별히 하지 않았고 안식일과도 거의 관련짓지 않았다. 기독교인에게 특권을 부여하지 않은 사회 속에서 살았으며, 그들은 그러한 사회와 자기들이 맡은 갖가지 의무 한가운데서 그 특별한 날에 주의 부활을 기념할 방법을 모색해야 했다. 콘스탄티누스는 이날이 쉬는 날도 되도록 했으며, 그로 인해 다음과 같은 과정이 시작되었다. 처음에는 일요일의 쉼이 안식일을 모범으로 삼아야 한다는 확신으로 이어졌고, 그 다음은 (특히 한 주의 일곱째 날 이름을 안식일이 아니라 사투르누스에서 따온 영어권 국가에서) 안식일이라는 단어가 일요일과 동의어가 되었고, 마침내 가장 엄격한 유대교 안식일 법을 연상시키는 가혹한 일요일 법으로 이어졌다. 그러나 콘스탄티누스 이후로 17세기가 흐른 현재, 기독교인들은 다시금 기독교의 가치관과 신앙에 무관심하고 때로는 적대적이기까지 한 사회 한가운데 있기에, 사회적 지지가 점점 감소하는 가운데서 기독교의 가치관대로 살아가고 기독교 신앙을 선포하면서 기독교의 하나님을 예배할 방법을 모색해야 한다. 기독교인을 제외한 모든 이에게 일요일은 다른 날과 똑같은 날, 즉 여가를 즐기고 축구를 하고 해변으로 놀러가는 날일 뿐이다.

수많은 기독교인들이 법과 사회의 지지를 받던 지난 시절에 대한 향수에 젖어 그 시절을 그리워하긴 했지만, 일요일과 일요일의 의미를 새롭게, 깊이 이해하며, 사회 전반에서 일어나는 일요일의 세속화에 대응했다.

예전禮典 갱신

이 모든 일이 일어나는 동안 더 조용한 발전이 일어나고 있었다. 즉 기독교인들은 예배 관습과 그 관습을 이해한 방식을 새롭게 살펴보고 있었다. 19세기 중엽에 주로 성공회교도와 가톨릭교도 사이에서 각기 교회의 예배 관습과 관련한 우려가 상당했다. 그러한 우려 때문에 성공회

교도 사이에서는 옥스퍼드 운동^{Oxford Movement}이 일어났다. 이 운동은 무엇보다도 옛날 예배 형식으로 다시 돌아가려고 했다. 로마 가톨릭교도들은 중세의 예배에 새롭게 관심을 기울였으며, 많은 이들이 중세를 교회 역사의 절정으로 여겼다. 그러나 교부에 대한 연구도 발전하면서 중세보다 훨씬 이전에 주목할 만한 시대가 있다는 사실이 분명해졌다. 1883년 그리스정교회 주교이자 학자인 필로테오스 브리엔니오스는, 콘스탄티노플에 있는 성묘 여행자 숙소^{Hospital of the Holy Sepulcher} 도서관에서 8년 전에 발견한 필사본을 출간한다. 브리엔니오스는 그 필사본이 고대의 여러 작가가 언급한 디다케, 즉 열두 사도의 교훈임을 확인했다. 곧 디다케의 콥트어, 아랍어, 조지아(그루지야)어, 라틴어 번역판과 파편에 관심이 쏠렸다. 히폴리투스의 《사도전승》은 이미 고대 에티오피아어판으로 발행되어 있었지만, 이제는 다른 고대어 번역판도 알려져서 예배 역사 연구가들의 관심을 끌었다. 이 책이 정말로 고대 기독교 저술가인 히폴리투스의 저작이며, 그러므로 그 책에서 예배에 대해 말하는 내용이 초대교회에서 행하던 일을 상당히 많이 보여 준다는 데 학자들은 의견이 일치했다. 역사학자들은 이 두 문서를 바탕으로 다른 고대 문서에서 말하는 내용 대부분을 감정하고 해석할 수 있었고, 그리하여 콘스탄티누스 이전 시대의 예배 관습에 관해 전반적으로 의견이 일치하게 되었다. 이 두 문서 덕분에 많은 개신교도가 예배를 개혁하면서 가톨릭과 성공회에서 여전히 사용하고 있는 형식으로 되돌아오게 되었지만, 더 급진적 개신교도는 '가톨릭처럼' 되기를 거부하고 이제 정말로 완전히 고대의 형식만 받아들였다. 그래서 감리교도와 장로교도는 이미 히폴리투스의 《사도전승》에 등장하는 교독문에 더는 놀라지 않는다(《사도전승》 4).

> 주께서 너희와 함께하시기를.
> 당신 영혼과도 함께하시기를,
> 너희 마음을 들어 올리라.
> 우리는 주께 마음을 들어 올리네.
> 우리 하나님이신 주께 감사를 드리세.
> 우리가 감사와 찬송을 드림이 마땅하도다.[1]

이와 같이 이전의 예배 갱신 운동은 주로 중세의 예배에 초점을 맞추었지만, 이제는 그보다 이른 시기, 즉 예배가 사회적이나 법적인 지지가 아니라 예배 자체의 의미와 그 이면의 신앙에 의지해야 했던 시기, 더 참여적이던 시기를 살펴보기 시작했다.

이미 1903년에 교황 비오 10세는 당선 직후에 신앙 공동체에게 전례^{liturgy}*에 더 적극적으로 참여할 것을 요청했다. 몇 년 후에 비오 11세도 비슷한 요청을 했지만, 그는 사실 그레고리오 성가에 더 적극적으로 참여하도록 장려하고 싶었다! 교황은 《근심 가운데*Tra le Sollecitudine*》에서 이렇게 선언한다. "신자들이 거룩한 예배에 더 적극적으로 참여하도록 그레고리오 성가에서 일반인들이 부르는 부분이 복원되게 해 주십시오. 신자들이 거룩한 의식에… 이방인이나 말 없는 구경꾼으로서 참여하는 것이 아니라, 사제나 성가대의 목소리와 함께 자기 목소리를 내면서 참여하는 것이 무엇보다도 필요합니다."[2]

그 이후로 전례 갱신에 대한 요구가 더 강렬해졌다. 1947년 비오 12세는 《전례에 관한 회칙*Mediator Dei*》**을 반포했는데, 그 회칙에서는 전례를 새로운 상황에 맞추어

---

* 이 책에서는 liturgy를 대개 '예전'으로 옮겼으나, 가톨릭교회에서는 '전례'로 옮기므로 종교개혁 이후의 가톨릭과 관련한 내용에서는 전례라는 용어를 사용하였다.
** 이 회칙이 '하나님의 중재자*Mediator Dei*'라는 말로 시작하기 때문에 이런 이름이 붙었다.

조정할 필요가 있음을 인정했으며, 심지어 그 안에 자국어를 사용하기 위한 자리도 있었다.[3] 몇 년 전, 비오 12세의 전임 교황인 비오 11세는 크로아티아어나 그 외 슬라브어를 라틴어와 함께 사용하는 미사를 재가했으며, 1941년 로마 가톨릭교회는 중국, 일본, 인도와 같은 곳에서 이중언어를 사용하는 의식을 준비하라는 훈령을 잇달아 반포하기 시작했다. 1951년에는 비오 12세가, 고대에는 부활절 전날 저녁 의식이었지만 토요일 아침 의식으로 대체되었던 부활 성야$^{Paschal\ Vigil}$의 복원을 시범적으로 승인했고, 4년 후에는 부활 성야의 회복을 포함하는 성주간$^{Holy\ Week}$ 기념을 전체적으로 개혁하라는 훈령을 반포했다.

제2차 바티칸 공의회

그러나 가장 큰 변화는 제2차 바티칸 공의회에서 일어났다. 교황 요한 23세는 공의회를 소집하고서 바로 전례 회복에 가장 중점을 두었다. "공의회는 교리나 도덕의 문제에 대해서는 많이 말할 필요가 없다.…사람들이 교회와 함께 생각하지 않는 한, 부활절 주기를 중심으로 한 대축일들과 매주 일요일에 풍성한 성사를 통해 그리스도의 신비와 함께 살지 않는 한, 교회와 함께 기도하지 않는 한, 아무것도 성취할 수 없다."[4]

공의회에 모인 주교들은 교회의 전례를 철저히 갱신하고 개혁해야 한다고 확신했다. 그래서 준비위원회에서 제출한 전례 관련 문서를 공의회가 충분히 논의하고 빈틈없이 고쳐 쓴 후에 재가한 첫 문서가 《전례헌장 Constitution on the Sacred Liturgy》으로, 보통은 이 문서의 처음 두 단어인 '거룩한 공의회 Sacrosanctum Concilium'라는 이름으로 알고들 있다. 이 문서에는 전례의 집례자인 사제의 구성에 대한 지침이 방대하게 담겨 있기는 하지만, 가장 눈에 띄는 점은 교회의 예배를 신자들에게 실제적으로 좀 더 의미가 있게 하며 평신도가 훨씬 더 많이 참여하게 하는 방향으로 쇄신하려는 노력이다. 평신도의 참여와 관련하여 공의회는 "반드시 신자들이 자기들이 하고 있는 일을 충분히 인식하면서 참여하며, 의례에 적극적으로 임하고 그로 인해 풍성해지도록 하는 일"이 사목자의 의무라고 언명한다 (《전례헌장》11).[5]

이를 위해 공의회는 국가나 지역의 주교 회의에, 자국어를 어떻게 사용할지 판단하여 (항상 교황청의 재가를 받아) 전례를 조정할 권위를 부여했다. 그렇지만 이것은 단순히 라틴어 미사의 번역이 아니라 여러 문화의 특별한 전통과 은사에 맞추는 것이다. 그 이유는 이렇다.

> 전례에서도 교회는, 공동체 전체의 신앙이나 유익과 관련이 없는 문제의 경우에는 엄격한 통일성을 강요하고 싶지 않기 때문이다. 오히려 교회는 다양한 인종과 나라의 특성과 재능을 존중하고 장려한다. 이 민족들의 생활 방식에서 도무지 뗄 수 없는 미신과 오류에 얽매이지 않는 것이라면, 교회는 무엇이든지 같은 마음으로 연구하고 가능하면 그대로 보존한다. 때때로 교회는, 그와 같은 것이 전례의 진실하고 진정한 정신과 조화를 이룬다면 전례 속에 들어오는 것을 허용한다《전례헌장》37).[6]

이 "다양한 인종의 특성과 재능" 중에서, 공의회는 음악과 노래를 강조했다. 그래서 공의회는 몇 단락에 걸쳐 신자들에게 "보편 교회의 음악 전통은 다른 어떤 예술에도 비할 수 없을 정도로 대단히 귀중하다"고 상기시킨 후에《전례헌장》112),[7] "대중 종교 음악 popular religious song" 육성을 장려하며《전례헌장》118)[8] "각기 음악 전통이 있으며, 이 음악 전통이 종교·사회 생활에서 중요한 역할을 하는 민족이 있다. 그렇기 때문에 종교적 의미를 담을 때뿐 아니라 그들의 천부적인 재능에 예배를 맞추어 갈 때도 이들의 음악을 적절히 존중하며 보존해야 하고, 알맞은 자리를 주어야 한다"고 인정한다《전례헌장》119).[9]

공의회가 신자의 적극적이고 지적인 예배 참여를 장려하는 데 사용한 둘째 방식이자 동일하게 중요한 방식은 설교였다. 몇 세기 동안은 설교가 찬밥 신세였으며, 교구민의 생활에 대한 일련의 공고나 기껏해야 도덕 훈계 정도로까지 축소되었다. 이제 공의회는 이렇게 선언했다. "전례주년liturgical year 중 성서 본문에 나오는 신앙의 신비와 기독교인의 생활 지침을 설교를 통해 해설한다. 그러므로 설교는 전례 자체의 한 부분으로 크게 존중받아야 한다. 사실, 중대 사유를 제외하고는 일요일과 의무적인 성일에 사람들이 참석하여 드리는 미사에서 설교를 생략해서는 안 된다"《전례헌장》52).[10]

요약하자면, 공의회는 평신도가 예배에 참여하도록 장려하면서 특히 일요일 예배의 갱신을 강조했다. 이는 첫째, 자국어 사용, 둘째, 예배에서 평신도에게 적극적인 역할 부여, 셋째, 성사와 함께 성경 본문과 연결되는 설교 실시, 넷째, 각 민족의 특성과 경험을 표현하는 음악과 기타 문화적 요소 사용 장려, 다섯째, 일요일이 축일이며, 따라서 미사가 그리스도의 죽음에 대한 우울한 추모가 아니라 부활의 승리에 대한 기념임을 기억하는 것을 통해 실행되었다.

새로운 미사

공의회의 지침은 곧바로 자국어로 쓴 다수의 '교중미사 popular Masses'라는 몸을 입었는데, 이 미사에는 흥겨운 민족 고유 음악이 담겼고, 사람들의 고통과 소망이 표현되기도 했다. 그와 같은 많은 미사 중 하나가 엘살바도르 교중미사 Misa popular salvadoreña로, 입당송인 "자, 모두 잔치에 갑시다 Vamos todos al banquete"는 미사 의식 전체의 분위기를 결정한다.

    후렴:
    이제 잔치 자리에 갑시다,
    만물의 축제 자리로.

상을 차려놓고 자리가 기다리고 있네요.
모두들 오세요, 함께 나눌 선물을 들고서.

나는 아침 일찍 일어나겠어요.
공동체가 나를 기다리고 있어요.
가벼운 발걸음으로 갑니다.
친구와 함께, 가족과 함께. (반복)

우리는 소야팡고에서,
산 안토니오에서, 사카밀에서,
멕시카노스에서, 시우다드 델가도에서
산타 데클라에서, 라베르날에서 옵니다. (반복)

하나님은 가난하고 굶주린 자를 모두
의롭고 선한 잔치에 초대하셨어요.
거기서는 수확물을 몰래 저장해 두지 않아요.
그래서 아무도 먹을거리가 부족하지 않죠. (반복)

우리 가운데 그러한 곳을 지었으면 좋겠어요,
사람들이 사랑 안에 동등한 곳을.

하나님은 우리를 부르셨어요,
함께 일하고 가진 것을 모두 나누라고. (반복)[11]

이렇게 기타와 마라카스 반주에 맞추어 노래를 하면서 성찬의 즐거움은 물론이고 사람들이 겪는 부당함과 고통을 표현한 노래들은, 일요일 예배를 놀랍게 갱신시켰다. 전에는 소수의 신앙심 깊은 사람이 참석하던 미사가, 많은 도시 주민들의 삶에서 중요한 부분이 되었다. 창조의 잔치를 예시하며 그 잔치가 어떠해야 하며 어떠할지를 예시하는 식사에 참여하는 것과, 미사를 듣는 $^{oír\ misa}$ 더 전통적인 의무는 전혀 다른 것이다.

이 모든 일 가운데서 고대 일요일의 의미의 세 가지 차원이 다시 살아난 점이 눈에 띈다. 일요일은 그리스도께서 십자가와 부활을 통해서 얻으신 승리를 기념하는 날이다. 그러나 이날은 그분과 창조 전반의 관계를 짚어 주는 날이기도 하다. 그리고 이날에는 종말론적 소망에 대한 인식도 분명히 담겨 있다.

___ **초교파적 갱신**

위에서 언급한 입당송을 루터교회의 찬양에서 가져왔다는 사실 자체가, 예전 회복이 로마 가톨릭교회에 국한되지 않았음을 보여 준다. 앞에서 언급한 디다케나 《사도전승》과 그 밖의 많은 고대 문헌들을 바탕으로 고대 기독교 예배를 연구한 학자들 대다수가 개신교 신자였다. 그 중에는 동방정교회 신자도 더러 있었다. 이들은 공통의 역사에 대한 관심이 바탕에 깔려 있었기에 교파를 초월하여 서로 대화했다. 《사도전승》에 대한 개신교의 연구를 가톨릭 교부학 학자들과 전례학자들이 읽었다. 공의회가 사제들에게 설교를 하라고 명하자, 다수의 가톨릭 사제와 신학교가 개신교 설교학자들에게서 도움을 받았다. 마찬가지로 개신교 학자와 예전 학자들이 가톨릭의 전례 갱신을 바짝 뒤따랐다. 이렇게 제2차 바티칸 공의회에서 일어난 일은 그 뿌리를 어느 정도는 개신교에 두고 있었고, 개신교 예전 학자와 목사들은 공의회에서 제안한 사항에 열렬히 귀를 기울였다.

결국 가톨릭에서처럼 개신교에서도 다시 한 번 예배에서, 특히 성찬에서 흥겹고 축제 같은 요소를 강조하는 예전 갱신이 일어났다.

이러한 축제 같은 면을 회복하는 경향을 보여 주는 예는 아주 많다. 종교개혁에서는 실제 성찬 참여 강조의 일환으로, 16세기 성공회 기도서Book of Common Prayer에서 참여할 준비가 된 모든 이를 초대하면서 그 예식을 위해 우울한 분위기를 조성하라는 요구가 담겨 있었다.

> 진정으로 진실하게 죄를 회개하고 이웃에게 사랑과 자선을 베풀고, 하나님의 계명을 따르며 이후로 그분의 거룩한 길로 걸어가는 새로운 삶을 살려 하는 그대들이여, 믿음으로 가까이 다가와서 경건하게 무릎 꿇고 전능하신 하나님에게 겸손히 고백하라.

그러고 나서 다른 개신교 교파들, 특히 영국 청교도[12]나 웨슬리 운동에서 나온 교파들이 이 초대를 거의 글자 그대로 받아들임으로써, 그 교회들의 성찬 분위기가 확립되었다.[13]

성공회 기도서에는 여전히 이 초대가 나오지만, 성찬식과 관련하여 16세기 기도서에 들어 있지 않은 대체 가능한 다른 명령도 추가했다. 다른 주요 개신교 교파에서는 그 초대를 삭제하거나 좀 더 축하하는 분위기로 바꾸었다. 이를테면 "이것은 우리 하나님의 승리의 축제다"와 같은 찬송가나, "사람들이 동서남북으로부터 와서 하나님의 나라 잔치에 참여하리니"(눅 13:28)와 같은 성경을 인용한다.

그러나 가장 중요한 부분은, 성찬의 빈도와 일요일 의례에서 성찬이 차지하는 위치 문제다. 로마 가톨릭뿐 아니라 루터교회와 성공회 전통은 일요일마다 성찬을 거행하는 관습을 유지했고, 칼뱅마저도 제네바에서 똑같이 하기를 바랐지만, 특히 청교도 운동이 일어난 후로 개혁 전통에서는 성찬을 거행하는 빈도가 적어지는 경향이 있었다. 부분적으로는 성찬에 대한 경외심을 잃어버릴까 봐 두려웠기 때문이다. 17세기 스코틀랜드 장로교에서는 통상 반년마다 성찬식을 거행했다. 20세기 후반까지도 복음주의 개혁교회Evangelical and Reformed Church에는 이러한 관습이 있었다. 그러나 이렇게 매년 두 차례 성찬 거행은 이상적이지 않다는 인식이 있었다. "주의 만찬을 모든 회중에게 적어도 일 년에 두 번, 아니 가급적이면 더 자주 거행해야 한다."[14] 미국 장로교의 사례도 비슷해서, 19세기 미국 장로교 예배 지침서에서는 성찬을 분기별로 거행하되,

목사와 장로가 바람직하다고 여기는 경우에는 더 자주 거행하라고 정해 놓았다. 여러 이유로 침례교나 감리교 같은 주요 개신교 전통과 교파에서도 마찬가지였다.

그러나 20세기 중반 무렵 제2차 바티칸 공의회가 소집되기 한참 전에 장로교와 그 외 교파들에서는, 예전 갱신의 일환으로 성찬을 더 자주, 가능하면 일요일마다 거행하는 것이 규범이 되어야 한다는 확신이 갈수록 커졌다. 1961년 미국연합장로교회는 공동 예배서 개정판을 발간했다. 공동 예배서와 그 역사, 평판 분석은 "표준 모델은 설교와 주의 만찬이 모두 있는 예배지만, 그렇게 시행할 준비가 되지 않은 교회의 동의를 얻기 위해 아주 모호하게 제시되었다"[15]는 정확한 해석으로 이어졌다. 미국장로교회(남장로교회)의 예배 지침서는 더 보수적이어서, 성찬을 더 자주 거행할 수 있다고는 했지만, 그 무렵에 전통적이던 분기별 성찬을 제안하고 있었다. 미국연합장로교회와 남장로교회가 통합한 후 그들의 예배 지침서는 이 두 방향을 절충했다.

주의 만찬은 가능하면 자주 주일마다 기념하는 것이 적절하다. 주의 만찬을 주의 날에 필수적이라고 인식하기에 충분할 정도로 정기적으로, 자주 기념해야 한다.…

회의에서는…어떤 경우에도 성례를 정기적으로 자주, 일 년에 네 번 이상 기념하도록 보장해야 한다.[16]

입증되지 않은 몇몇 증거뿐 아니라 몇 안 되는 일부 연구를 보면, 성찬을 매주 거행하는 장로교회와 감리교회가 아주 소수지만 점점 많아지고 있으며, 전통적으로 성찬을 자주 하지 않던 주요 교파 사이에서도 매달 성찬을 거행하는 일이 빠른 속도로 표준이 되고 있는 듯하다.

이와 같이 개신교는 물론이고 가톨릭도 루터와 칼뱅 같은 종교개혁자들이 처음에 품었던 의도대로 나아가고 있는 듯하다. 그것은 성찬을 일요일마다 사람들이 이해할 수 있는 언어로 사람들이 모두 참여한 가운데 설교와 함께 거행하는 것이다. 이제 가톨릭은 자국어로 미사를 드리며, 사람들이 적극적으로 참여하여 떡과 포도주를 먹고, 설교가 미사의 중심이다. 개신교는 일요일 예배에서 설교 관습을 유지하면서 성찬을 더 자주 거행하며, 성찬이 예배에서 필수적인 부분이 되게 하고 있다. 그리고 모두들 성찬이 결코 슬픔에 잠긴 행사가 아니라 하나님 백성의 축제로 그리스도의 부활을 기념하는 일이라는 데 동의한다.

개신교에서 큰 단체 중 하나인 오순절교회는 성찬을 더 자주 거행하는 방향으로 빠르게 움직이지 않는 듯 보인다. 비교적 드물게 성찬식을 거행하며, 아예 성찬식이 없는 교회도 있다. 그렇지만 오순절교회는 또 다른 차원에서 21세기 예전 회복에 중요한 기여를 하고 있다. 바로 예배의 기쁨을 강조한 것이다. 외부에서 오순절교회를 살펴본 사람들은 예배가 체계가 없다고, 시끄럽다고, 신학적 깊이가 없다고 주장한다. 그러나 오순절교회의 예배가 즐겁지 않다고 말할 수는 없으리라! 오순절교회의 예배에는 분명히 죄에 대한 인식이 있고, 일부 오순절교회 예배에서 중심이 되는 요소 중 하나가, 삶에서 겪는 고난을 나누고 인정하는 것이다. 그러나 무엇보다도 모든 고난보다 위에 있는 하나님의 능력과 모든 죄보다 위에 있는 하나님의 은혜에 대한 찬양이 있다.

이렇듯 전 세계 기독교인이 일요일을 기념하기 위해 모이면서 각양각색의 무수한 방식으로 일요일을 기념하지만, 또 그 중에 콘스탄티누스 시대를 연상시키는 일요일법의 종말을 한탄하는 사람도 더러 있기는 하지만, 확실히 부활의 날이자 새 창조의 시작이며 마지막 완성의 전조인 일요일이 회복되고 있다.

이렇게 종교개혁 시대부터 21세기까지 빠르게 훑어보기를 마무리하면서, 16세기 이후로 널리 퍼진 풍부하고도 혼란스러운 각양각색의 관점과 관습 가운데 몇 가지 점을 강조해야겠다.

첫째, 16세기를 기점으로 가톨릭과 개신교가 일요일 예배의 형식을 두고서 나뉘었지만, 20세기에 새로운 수렴 현상이 발전하기 시작했다. 로마 가톨릭교회는 16세기에 라틴어 예배를 고집하고 엄격하게 일치를 주장했지만, 20세기에는 다양한 자국어 예배로 바뀌었고, 서로 다른 문화에 맞춘 적응을 장려했다. 평신도에게 미사에 정기적으로 출석하는 일만 기대하던 교회가 이제는 평신도에게 성찬의 떡과 포도주에 적극적으로 참여하여 먹고 마시라고 주장했고, 사람들이 스스로 하고 있는 일을 이해할 수도 있도록 미사에 설교가 필요하다고 말했다. 한편, 성찬을 아주 드물게 하는 행사로 전락시켜서, 일 년에 한 번, 많아야 네 번 시행하던 개신교 교회는 성찬을 더 자주 시행하는 방향으로 바뀌고 있었다. '가톨릭적'이라고 거부당하던 어구나 몸짓을 비롯한 기타 관습이 이제는 오래된 고대의 관습으로 입증되었고, 개신교의 여러 예전에서 회복되고 있다. 루터와 칼뱅 같은 종교개혁자들이 주장하던 말씀과 성례의 떼려야 뗄 수 없는 연결이 이제는 로마 가톨릭교도 사이에서, 또 많은 개신교도 사이에서 일반적인 일이 되었다.

둘째, 일요일 쉼을 법으로 정하는 추세가 콘스탄티누스 시대에 시작되어 17, 18세기에 개신교도 사이에서 지속되다가 더 확대되기도 했지만, 그 후 쇠퇴하기 시작했고 이는 일요일이 더럽혀지고 있다고 믿은 보수 개신교인 다수에게는 고통스러운 일이었다. 기독교인이 비교적 적은 많은 나라에서 어느 정도는 서구의 식민주의와 경제력 때문에 일요일이 쉬는 날이 된 동시에, 예전에 기독교 국가였다고들 하는 국가에서는 기독교인들이 일요일의 세속화를 한탄하고 있었다.

셋째, 일요일을 넷째 계명과 연결하는 경향이 오랫동안 있었지만, 거의 종교개혁 직후에, 그리고 특히 영어권에서 '안식일Sabbath'이라는 단어가 일요일을 의미하게 되었다. 로망어에서는 '안식일'에서 파생된 여러 단어가 여전히 일주일의 일곱째 날의 이름이었기 때문에 안식일이 일요일을 의미할 수는 없었다. 따라서 일요일을 안식일로 부르는 안식일엄수주의는 영어권 국가에서 발전하게 되었다. 같은 이유로 제칠일 안식일엄수주의의 이름이 가장 먼저 널리 알려진 곳도 바로 영어권 국가다.

　마지막으로, 예전 회복은 고대 일요일의 의미의 재발견으로도 이어졌고, 따라서 일요일을 더는 기독교의 안식일과 같은 날이 아니라 그리스도가 부활하신 날, 새 창조의 시작, 마지막 완성의 약속을 나타내는 날로 더 중요하게 여기기에 이르렀다. 이렇게 해서 일요일 예배에 축하의 의미가 더 담기게 되었다.

맺는 말

역사가들은 역사를 예언으로 바꾸려는 유혹을 종종 받는다. 내가 지금껏 말한 역사 전체를 톺아보면서 미래에 어떤 일이 일어날지 분별해 보자면, 일요일이 사회 전반에서 점점 더 세속화되고 그와 동시에 교회 안에서는 일요일이 그 중요한 의미를 되찾을 것이라고 말하고 싶다. 기독교인 대부분이 가난과 압제의 굴레 속에서 살아갈 때는 일요일이, 그날에 다시 살아나신 분이 만물을 만드신 분이며 새 창조의 일을 하고 계신 분임을 일깨우는 역할을 할 것이다. 그러므로 사회 전체가 일요일을 홀대할수록 믿는 이들은 더 환대할 것이다.

혹시라도 이 예언이 틀리게 되더라도, 나는 한 가지를

확신한다. 앞으로 수십 년이 우리의 모든 예상과 반대가 되더라도 부인할 수 없는 미래가 하나 있다는 사실이다. 그 미래는 일요일 자체가 약속하는 미래, 즉 창조의 여덟째 날로, 그때 우리는 아우구스티누스가 말했듯이 "쉬면서 보고, 보면서 사랑하고, 사랑하면서 찬양하리라."

이날은 주께서 지으신 날이다. 그 안에서 기뻐하고 즐거워하자!

주註
—

2. 요일 이름 짓기

1) 별다른 언급이 없는 경우, 교부 시대와 중세 시대 자료는 저자(곤잘레스)의 사역私譯이다.
2) 프랑스어 삼디samedi의 기원은 다른 단어들과 마찬가지로 명확하지 않다. 사바툼sabbatum이 삼바티sambati가 되었고, 21세기에 삼디samedi가 된 것으로 보인다.
3) 이시도루스는 "교회가 말하는 대로"라는 표현이 무슨 의미인지 말하지 않는다. 그러나 이시도루스가 이 단락에 바로 이어서 페리아feria라는 단어의 의미에 눈을 돌리는 것으로 미루어 보아, 이시도루스가 결국은 포르투갈어에서 보편화된 것과 같은 요일 체계를 더 좋아했으리라고 결론내릴 수 있다.

3. 모임 시간

1) *ANF* 1:62-63.
2) *ANF* 7:341-342.

4. 한 주 첫째 날의 의의

1) Charles Joseph Hefele, *A History of the Councils of the Church from the Original Documents* (Edinburgh: T&T Clark, 1878), 2:67에서 인용.
2) 완전한 만장일치가 쉽지 않았던 이유는 그리스-로마 세계에서 역법이 전부 일치하지는 않았기 때문이다. 날짜 계산은 임시로 알렉산드리아교회가 맡았으며, 알렉산드리아교회는 계산 결과를 로마에 전달해서 서방 교회 전체에 전해지게 했다. 6세기에는 디오니시우스 엑시구스(엑시구스는 '짧은'이라는 의미)의 작업 덕분에 좀 더 세밀한 역법이 발전했다. 그러나 8세기에도 아일랜드에서는 논란이 있었다. 아일랜드력이 유럽 나머지 국가들의 역법과 일치하지 않았기 때문이다. 결국 이론상의 일치도 교황 그레고리오 13세가 역법을 개정한 16세기에 없어졌다. 동방 교회는 새로운 그레고리오력을 받아들이지 않고 이전의 율리우스력을 계속 사용했기 때문에 오늘날까지도 (부활절을 주일에 기념하기는 하지만) 부활절 날짜가 여간해서는 일치하지 않는다.
3) 학자들은 흔히 에녹서 91:12-13을 언급한다. "그 일 후에 여덟째 안식일, 곧 공의의 안식일이 나타나리라.…영원한 영광 가운데 계신 위대한 왕이신 그분을 위한 집이 세워지리라." James H. Charlesworth, ed., *The Old Testament Pseudepigrapha*, vol.

1, *Apocalyptic Literature and Testaments* (Garden City, NY: Doubleday, 1983), 73에 있는 번역 인용.

5. 한 주 첫째 날과 관련한 기독교의 관습

1) 테르툴리아누스가 한 말을 직역하면 '움직이지 않는 기간 *stationum diebus*'이지만, 대체로 학자들은 이 기간이 금식하기 위해 따로 정해 놓은 기간을 뜻한다는 데 의견이 일치한다.
2) Burton Scott Easton이 번역한 *The Apostolic Tradition of Hippolytus* (repr.; Ann Arbor: Cushing-Malloy. 1962), 54-56.
3) 진위가 의심스러운 어느 문서에 따르면 테르툴리아누스보다 몇십 년 앞서는 이레나이우스가 주의 날에 무릎을 꿇지 않는 관습이 사도들에게까지 거슬러 올라간다고 주장했다.
4) Easton, *Apostolic Tradition of Hippolytus*, 50.
5) 나는 *A History of Theological Education* (Nashville: Abingdon, 2015), 9-14에서 학습에 대해 상당히 자세히 서술했다.
6) Easton, *Apostolic Tradition of Hippolytus*, 48.

6. 콘스탄티누스와 황제의 새 정책

1) Philip Schaff, *History of the Christian Church* (New York: Thomas Y. Crowell, 1894), 1:487에 번역됨.
2) 이 칙령들은 William K. Boyed의 *The Ecclesiastical Edicts of the Theodosian Code* (New York: Columbia University Press, 1905)에서 더 자세히 논의되었다.

7. 기독교 예배에서 일어난 변화

1) Gregory Dix, *The Shape of the Liturgy* (Westminster: Dacre Press, 1945), 141.
2) 예를 들어, 콘스탄티누스가 명하여 예수님의 무덤이 있던 자리에 건축한 바실리카(성묘교회라 불린다—역주)에 대한 에우세비오스의 묘사를 보라. *Life of Constantine* 3.29-40.
3) Philip Jaffe, ed., *Regesta pontificum romanorum* (Leipzig, 1885), 369.
4) 이 내용 일부의 요약은 L. Duchense, *Christian Worship: Its Origin and Evolution* (London: SPCK, 1927), 379-398을 보라.

8. 주일 관련 법

1) Charles Hefele, *A History of the Council of the Church from the Original Document* (Edinburgh: T. & T. Clark, 1896), 316에서 인용.
2) P. R. Coleman-Norton, *Roman State and Christian Church: A Collection of Legal Documents to A.D. 535* (London: SPCK, 1966), 1:309-310. 이 세 황제는 392년에 동일한 법령을 다시 선포했다.
3) Coleman-Norton, *Roman State and Christian Church*, 1:359.
4) Coleman-Norton, *Roman State and Christian Church*, 2:423. 2세기 반 후에 유스티니아누스 법전은 이 법 제정을 인용하면서 태양의 날을 언급한 직후에 이렇게 설명한다. "이 날은 옛날부터 실은 주의 날로 알려진 날이다."

9. 안식일에 대한 기독교의 관점

1) *NPNF*2 2:132 (소크라테스 스콜라스티쿠스의 《교회사*Ecclesiastical History*》는 에우세비오스의 《교회사*Church History*》의 후속으로 기획된 책이다―역주).
2) *NPNF*2 2:390.
3) *NPNF*2 14:148.
4) Joseph P. Smith가 번역한 *Demonstration of the Apostolic Preaching* (New York: Newman, 1952), 106.

10. 일요일의 새로운 경건 행위: 축제에서 장례로

1) 나는 이러한 대조를 *Christian Thought Revisited: Three types of Theology* (Nashville: Abingdon, 1989); 2d ed. (Maryknoll, NY: Orbis, 1999)에서 더 자세히 연구하고 설명했다.
2) Henrici Denzinger, *Enchiridion symbolorum definitionum et declarationum de rebus fider et morum* (Rome: Herder, 1957), 430.
3) Haymo of Halberstadt, (아니면 아마도 Haymo of Auxerre), *De corpore et sanguine domini*, in PL 118:815-816.
4) Denzinger, *Enchiridion*, 355.
5) PL 92:593-597.
6) Alcuin, *Epistola* 90, PL 100:289; Radbert, *De corpore et sangune domini* 20, PL 120:1331-1332; Rabanus Maurus, *De clericorum institutione* 1.31, PL 107:318-319를 보라.
7) Mansi, *Sacrorum conciliorum nova et amplissima collectio*

(Repr.; Paris: Welter, 1901-1927), 24:405.

8) Denzinger, *Enchiridion*, 437.

11. 기도하고 노는 날

1) P. R. Coleman-Norton, *Roman State and Christian Church: A Collection of Legal Document to A.D. 535* (London: SPCK, 1966), 3:877.

2) Eileen Power, *Medieval People* (Garden City, NY: Doubleday, 1956), 27-28에서 인용.

3) José Vives, ed., *Concilios visigóticos e hispano-romanos* (Barcelona: Consejo Superior de Investigaciones Científicas, 1963), 147.

4) Fernand Nicolay, *Historia de las creencias, supersticiones, usos y costumbres* (Barcelona: Montaner y Simón, 1904), 2:95 에서 인용.

5) Julio Campos Ruiz and Ismael Roca Meliá, *Santos padres españoles* (Madrid: Biblioteca de Autores Christianos, 1971), 2:107.

6) Edward K Chambers, *The Mediaeval Stage* (Oxford: Oxford University Press, 1903), 1:161-162.

7) Aurelio de Santos, ed,. *Los evangelios apócrifos* (Madrid: Biblioteca de Autores Christianos, 1966), 715-725에서 그리스어 원본을 볼 수 있다.

12. 일요일과 안식일에 대한 아퀴나스의 견해
1) *NPNF2* 9:95-96.

13. 종교개혁
1) Henrici Denzinger, *Enchiridion symbolorum definitionum et declarationum de rebus fidei et morum* (Rome: Heider, 1957), 712.
2) John Eck von Ingolstadt, *Enchiridion of Commonplaces against Luther and Other Enemies of the Church* (Grand Rapids: Baker, 1983), 101-102를 보라.
3) Mansi, *Sacrorum conciliorum nova et amplissima collectio* (repr.: Paris: Welter, 1901-1927), 33:529-530. 21세기 말까지도 일부 매우 보수적인 가톨릭 변증가들이 이러한 주장을 이용한다. 그들은 개신교도가 성경적이 되려면, 교회의 권위로 확립된 일요일 예배라는 관습을 폐지해야 한다고 주장한다(이 주장은 안식교에서도 받아들였다).
4) Denzinger, *Enchiridion*, 946. 그러나 (라틴어 미사에서도) 옛 모자라비, 갈리아, 밀라노 예전은 허용되었다.
5) *LW* 40:141.
6) *LW* 40:141.
7) B. J. Kidd가 편집한 *Documents Illustrative of the Continental Reformation* (Oxford: Clarendon, 1911), 193.
8) Kidd, *Documents*, 193.
9) *LW* 51:388.

10) "On the Sabbath", in *The Essential Carlstadt: Fifteen Tracts*, trans. and ed. E. J. Furcha (Scottdale, PA: Herald, 1995).
11) *LW* 40:93-94.
12) *LW* 47:67.
13) *LW* 47:92.
14) Ulich Gäbler, *Huldrych Zwingly: His Life and Works* (Philadelphia: Fortress, 1986), 108.
15) Gerhard F. Hasel의 폭 넓은 논문 "Sabbatarian Anabaptists in the Sixteenth Century", *Andrews University Seminary Studies* 5, no. 2(July 1967): 101-121; 6, no.1(January 1968): 19-28을 보라.
16) Daniel Liechty, *Sabbatarianism in the Sixteen Century: A Page in the History of the Radical Reformation* (Berrien Springs, MI: Andrew University Press, 1993), 31-33.
17) 글라이트가 피셔의 견해에 미친 영향이 어느 정도이며, 피셔가 그 견해를 어느 정도로 따랐는지는 불분명하다. Daniel Liechty, *Andreas Fischer and the Sabbatarian Anabaptists: An Early Reformation Episode in East Central Europe* (Scottdale, PA: Herald, 1988), 59-62를 보라.
18) Liechty, *Sabbatarianism*, 78-84를 보라.
19) 1537년 7월 31일, 파브리는 제네바에 있는 목사들에게 자기 의견을 설명하는 편지를 써서 콜리나이우스에게 털끝만큼도 동의하지 않는다고 밝혀야 한다고 생각했다. 이 편지는 다음 책에서 읽을 수 있다. A. L. Herminjard, *Correspondance*

des réformateurs dans les pays de langue française (repr.; Nieukoop: De Graaf, 1965), 4:270-272.

20) John Calvin, *Commentaries on the Four Last Books of Moses Arranged on the Form of a Harmony*, trans. Charles William Bingham (repr.; Grand Rapids: Baker, 1979), 2:437.

21) 2012년 11월 27일에 Anglican Rose가 블로그에 올린 "안식일Sabbath Days"에서 인용. https://anglicanrose.wordpress.com/2012/11/27/sabbath-days/

14. 영국 청교도와 안식일

1) 이 단락의 내용은 존 프리머스의 책에서 도움을 많이 받았다. John H. Primus, *Holy Time: Moderate Puritanism and the Sabbath* (Macon, GA: Mercer University Press, 1989).

2) "Homily on the Place and Time of Prayer", *University of Toronto English Library*, 1997, http://www.library.utoronto.ca/utel/ret/homilies/bk2hom8.html.

3) Samuel Carr, ed., *Early Writings of John Hooper* (Cambridge: Parker Society, 1843), 342.

4) Carr, *Early Writings of John Hooper*, 346-347.

5) Thomas Rogers, *The Faith, Doctrine and Religion: Professed and Protected in the Realm of England, and Dominions of the Same; Expressed in Thirty Nine Articles* (repr.; Cambridge: Parker Society, 1854).

6) Primus, *Holy Time*, 88에서 인용.

7) Primus, *Holy Time*, 1에서 인용.

8) Primus, *Holy Time*, 98.

9) H. Lewis, *A Critical History of Sunday Legislation from 321 to 1888 A.D.* (New York: Appleton, 1888), 115에서 인용.

10) Lewis, *A Critical History*, 116.

11) Lewis, *A Critical History*, 119.

12) Lewis, *A Critical History*, 128.

13) Lewis, *A Critical History*, 141-142.

16. 청교도 안식일엄수주의의 지속

1) William Law, *A Serious Call to a Devout and Holy Life: The Spirit of Love*, Classics of Western Spirituality (New York: Paulist Press, 1978), 81.《경건한 삶을 위한 부르심》(CH북스).

2) Law, *Serious Call*, 107.

3) Thomas Jackson, ed., *The Works of John Wesley* (London: Wesleyan Conference Office, 1872), 6:151.

4) John Wigley, *The Rise and Fall of the Victorian Sunday* (Manchester: Manchester University Press, 1980), 26-32를 보라.

5) Alice Mores Early, *The Sabbath in Puritan New England* (New York: Charles Scribner's Sons, 1891), 244-258을 보라.

6) Early, *Sabbath in Puritan New England*, 66-76.

17. 세속화와 갱신

1) 영어 번역은 장로교의 《공동예식서 Book of Common Worship》에서 인용했지만, 칼뱅은 그 번역이 만족스럽지 않았을 것이다. 그는 라틴어 하베무스 아드 도미눔 babemus ad dominum을 근거로 "너희 마음을 들어 올리라"에 대한 응답을, 우리가 마음을 들어 올리고 있다는 의미가 아니라 우리 마음이 이미 주와 함께 있다는 의미로 이해했기 때문이다. 성찬에서 바로 이 일이 일어난다. 우리는 성령의 능력('힘 virtue')으로 하늘에 계신 그리스도 앞으로 인도된다. 이것을 흔히 칼뱅의 영적 임재설 virtualism이라고 부른다[칼뱅의 영적 임재설을 대개 영어로는 spiritual presence로 표기하지만, "칼빈이 성찬에서 작용하는 신비적인 능력 virtus을 항상 주장하기 때문에 그의 성찬론을 'virtualism'이라고 부른 사람이 있다"(존 칼빈 지음, 김종흡·신복윤·이종성·한철하 공역, 《기독교강요(下)》(생명의말씀사, 2002), 451-452, 각주 27)고 한다. virtualism을 '능력주의'라고 번역하는 경우도 매우 드물게 있기는 하지만, 곤잘레스가 자신의 다른 책인 《기독교 사상사》에서 "그리스도의 몸은 하늘에 있고 다름 아닌 성령의 능력 virtue을 통해 신자가 그 몸에 참여하며 그 유익을 얻는다. 이것이 보통 칼뱅의 virtualism이라고 불린다"고 말하는 맥락으로 미루어 보아 여기서 virtualism은 영적 임재설과 같은 의미이면서 성찬에서 성령의 역할(능력)을 좀 더 강조하는 용어로 보인다—역주].

2) Annibale Bugnini, *Documenta pontificia ad instaurationem liturgicam spectantia (1903-1953)* (Rome: ED. Liturgiche, 1959), 1:13에 실린 글.

3) Bugnini, *Documenta pontificia*, 1:90-93.

4) Ignacio Oñatibia, "Historia de la Constitución sobre la Sagrada Liturgia", Casimiro Morcillo Gonzáles, *Concilio Vaticano II* (Madrid: Biblioteca de Autores Cristianos, 1965), 98에서 인용.

5) Trans. and ed. Austin P. Flannery, *Document of Vatican II* (Grand Rapids: Eerdmans, 1975), 1:7.

6) Flannery, *Document*, 13.

7) Flannery, *Document*, 31.

8) Flannery의 "religious singing by the faithful"(33)이라는 번역은 라틴어 원문 *cantus popularis religiosus*에 담긴 이 음악의 대중적 성격을 전달하지 못한다.

9) Flannery, *Document*, 33.

10) Flannery, *Document*, 18.

11) 원작은 Guilermo Cuéllar 작곡. 영어로는 Bret Hesla와 William Dexheimer-Pharris가 번역. 루터파 교회의 *Libro De Liturgia Y Cántico* (Minneapolis: Augsburg Fortress, 1998), no. 410[*Libro De Liturgia Y Cántico*의 부제가 A Worship Book for Spanish-Speaking Lutherans인 데서 스페인어를 사용하는 루터교회 예식에서 사용한 것으로 짐작할 수 있다. 실제로 이 입당송을 찾아서 들어 보면 무척 흥겹다—역주].

12) 장로교 양식에서는, 다양한 판의 공동 예식서에 나오듯이 무릎 꿇기에 대한 언급은 삭제했다. 청교도는 교회에서 무릎 꿇기를 무척이나 싫어했기 때문이며, 무릎 꿇기는 미사를 집례하는 사

제 앞에서 무릎을 꿇는 것으로 보였을 것이다. 이로 인해 "장로여, 장로여, 그는 몸을 굽히지 않으리. 다만 인간의 가장 끝에 앉아 있을 뿐"이라는 짧은 노래가 나왔다.

13) 감리교 판은 무릎 꿇기에 대한 언급은 그대로 두었지만, 대부분의 사람은 떡과 포도주에 참여하기 위해 앞으로 나갈 때까지 자리에 그냥 앉아 있거나 서 있었을 것이다.

14) *The Hymnal* (Saint Louis: Eden Publishing House, 1961), 21.

15) Stanley Robertson Hall, *The American Presbyterian "Directory for Worship": History of a Liturgical Strategy* (Ann Arbor: University of Michigan Press, 1990), 361.

16) Hall, *Directory for Worship*, 490에서 인용.

추천 도서

일요일 의례는 기독교인 대부분에게 매우 중요하기 때문에 이 주제를 다룬 문헌은 대단히 많다. 이 주제에 대한 일반적인 논의로 유익한 책은 Stephen Miller의 *The Peculiar Life of Sundays* (Cambridge, MA: Havard University Press, 2008)로, 이 책은 초기 역사를 짧게 다룬 후에 영국과 북아메리카의 기독교에 초점을 맞춘다.

일요일에 대한 논의 대부분은 초대교회에서 일요일과 안식일의 관계라는 문제에 집중되어 있으며, 이것은 아직도 진행 중인 논의이고, 이 책에서는 중심 쟁점으로 삼지 않으려고 했다. 이 주제에 대해 쓴 글이 최근 몇 년 동안 많았지만, 그 논의의 이쪽 편과 저쪽 편에서 사실상 모든 증거를 모은 책이 두 권 있다. 제칠일 안식일엄수주의자 편에서는 Samuel Bacchiocchi의 *From Sabbath to Sunday: A Historical Investigation of the Rise of*

Sunday Observance in Early Christianity (Rome: Pontifical Gregorian University Press, 1977)가 있고, 반대편에는 Willy Rordorf의 *Sunday: The History of the Day of Rest and Worship in Earliest Centuries of the Christian Church* (London: SCM; Philadelphia: Westminster, 1968)가 있다. 콘스탄티누스가 일요일 의례에 미친 영향에 대해서는 Edward L. Smither가 편집한 *Rethinking Constantine: History, Theology, and Legacy* (Eugene, OR: Pickwick, 2014), 105-129에 수록한 Paul A. Hartog의 "Constantine, Sabbath-Keeping, and Sunday Observance"를 보라.

일요일 의례에 대한 배경으로서 초기 기독교 예배와, 초기 기독교인에게 주의 날의 의미라는 주제에 대해서는 손쉽게 구할 수 있으면서도 학문적인 책이 몇 권 있다. 그 중에 Paul F. Bradshaw의 *Resurrection Early Christian Worship* (Collegeville, MN: Liturgical Press, 2010)과 *The Search for the Origins of Christian Worship* (New York: Oxford University Press, 1992)이 있다. 초기 부활절 의례에 대해서는 Thomas J. Talley의 *The Origin of the Liturgical Year* (New York: Pueblo, 1986) 안에 아주 소중한 자료가 많이 들어 있다.

청교도 안식일엄수주의의 역사를 다룬 책으로는 Kenneth L. Parker의 *The English Sabbath: A Study of Doctrine and Discipline from the Reformation to the Civil War* (Cambridge: Cambridge University Press, 1988)를 보라. 미국이라는 국가가 시작될 때의 안식일/일요일 의례에 대해서는 Winton U.

Solberg의 *Redeem the Time: The Puritan Sabbath in Early America* (Cambridge: Harvard University Press, 1977)를 보라. 미국의 안식일 법과 그 법에 대한 변호를 다룬 책으로, 위의 두 책을 보완할 수 있는 책은 R. C. Wylie의 *Sabbath Laws in the United States* (Pittsburgh: National Reform Association, 1905)다.

이 책에서 제기한 여러 쟁점을 계속해서 연구하기 위해 가능한 방법은 기독교 예배의 역사에 대해 전반적으로 더 읽기 시작하는 것이다. James F. White가 *A Brief History of Christian Worship* (Nashville: Abingdon, 1993)에서 기독교 예배의 역사를 탁월하게 정리했다. Catherine Gunsalus González의 *Resources in the Ancient Church for Today's Worship* (Nashville: Abingdon, 2014)에서도 아주 유용한 자료를 분명하게 제시하고 논했다.

찾아보기

ㄱ

거룩한 공의회Sacrosanctum Concilium 273
게르만어파Germanic languages 41
겔라시우스Gelasius 160
고해 제도penitential system 142
교중미사popular Masses 276-278
그라티아누스Gratian 114-115
그레고리오 7세Gregory VII 149
그레고리오 13세Gregory XIII 291
그리스력Greek calendar 16
글라이트, 오스발트Glait, Oswald 211, 247
금식fasting 70-77, 172-173

ㄴ

나르본 교회 회의Narbonne, Synod of 168-169
네덜란드Netherlands 227
녹스, 존Knox, John 217, 227
니케아 공의회Nicea, Council of 61, 76

ㄷ

대 그레고리오 1세Gregory I, the Great 144-146, 151-152
델 포스코, 가스파르del Foscos, Gaspar 196
도미니카dominica 33-34, 113
도미티아누스Domitian 31
독일어 미사Germanic Mass 198-199
두라 에우로포스Dura-Europos 68, 99, 103
디다스칼리아Didascalia 72
디다케Didache 32, 71, 79-80, 100, 143, 269
디오그네투스서Diognetus, Epistle to 52, 121
딕스, 그레고리Dix, Gregory 101, 162

ㄹ

라디슬라우스, 헝가리의Ladislaus of

Hungary 169
라오디게아 교회 회의Laodicea, Synod of 81, 105, 110, 122
라테란 공의회, 제4차Lateran Council, Fourth 148-149, 155, 163
란차노Lanciano 150
래티머, 휴Latimer, Hugh 231
램버스 교회 회의Lambeth, Synod of 161
레오 1세, 황제Leo I, emperor 165
레카레드Recared 140
로마력Roman calendar 17
로, 윌리엄Law, William 254-255
로저스, 토마스Rogers, Thomas 234-236
루이, 경건왕Louis the Pious 167-168
루터, 마르틴Luther, Martin 197-206, 209, 212, 226
리키니아누스Licinianus 176, 179-180

ㅁ

마르켈루스, 안키라의Marcellus of Ancyra 117
마르키온(마르시온)Marcion 64
마르틴, 브라가(또는 두미오)의 Marin of Braga (or Dumio) 39, 42

메리 스튜어트Mary Stuart 228, 233
메리 튜더Mary Tudor 227, 231
메소포타미아Mesopotamia 15
멜리투스, 사르디스의Melito of Sardis 33
무교병unleavened bread 150-151
무릎 꿇기kneeling 70-77
미국America 258-263
미사전례missal 197
미쉬나Mishina 22
밀러, 윌리엄Miller, William 250

ㅂ

바나바서Barnabas, Epistle of 66, 120
바빌로니아력Babylonian calendar 15-16
바실리카basilicas 103-104
바운드, 니콜라스Bound, Nicolas 233-234
바티칸공의회, 제2차Vatican, Second Council of 272-276, 279
반달족Vandals 138
발렌티니아누스Valentinian 96, 114
발렌티니아누스 2세Valentinian II 115
발렌스Valens 96, 114
베네딕트Benedict 172
베다Bede 154

베드로복음서Peter, Gospel of 32, 57
베렝가리우스, 투르의Berengar of Tour 149
보니파시오, 마인츠의Boniface of Mayence 159, 168
복음주의 개혁교회Evangelical and Reformed Church 281
부처, 마르틴Bucer, Martin 208, 226
부활절Easter 60-62, 114-115, 141, 163
불링거, 하인리히Bullinger, Heinrich 208, 226
브라가Braga 138
브라번, 테오필루스Brabourne, Theophilus 248-249
브리엔니오스 필로테오스Bryennios, Philotheos 269
비오 5세Pius V 197
비오 10세Pius X 271
비오 11세Pius XI 271
비오 12세Pius XII 271
빅토리누스Victorinus of Pettau 54

ㅅ
사도신경Apostles' Creed 100
사도헌장Apostolic Constitutions 111, 117, 122
사순절Lent 115, 164

서방과 동방의 차이West and East, differences between 141-142, 153-154
설교preaching 201, 206-207, 215-216, 217-218, 221, 260-261, 275, 279, 283
성공회Anglicanism 218-219, 226-227, 268-270, 280
성공회 기도서Book of Common Prayer 280
성찬 빈도communion, frequency of 281-283
성찬용 잔의 재료chalices, material for 158-159
성찬 토큰communion tokens for 260
성체축일Corpus Christi 158
성탄절 163
세례baptism 62, 68, 100, 248
세례당baptisteries 68
세례 후에 지은 죄postbaptismal sins 142
셉티무스 세베루스Septimus Severus 35
소요리문답Shorter Catechism 242
소조멘Sozomen 91, 118, 121
솔 인빅투스[정복되지 않는 태양]Sol invictus 35, 93-94, 113
수에비족Suevi 137

쉼rest 89, 109-115, 130, 165-171, 187, 257
스칸디나비아어파Scandinavian languages 41
스코틀랜드Scotland 217
십계명Decalogue 132, 181-188
십사일파quartodecimans 59-61, 101, 248
십일조징수관tithingman 259

ㅇ

아그드 교회 회의Agde, Synod of 105, 163
아르카디우스Arcadius 96, 111, 113, 115
아리우스주의Arianism 139
아우구스티누스Augustine 68-69, 128-130, 136
아우렐리아누스Aurelian 35
아퀴나스, 토마스Aquinas, Thomas 156, 161, 181-188, 225
아타나시우스Athanasius 117
안디옥 봉헌 종교 회의Antioch, dedication synod 61
안식령blue laws 258, 262
안식일Sabbath 18-23, 27, 28, 32, 41, 45, 50-55, 62, 65, 82, 95, 97-98, 110, 111, 116-132, 186, 195; 영어에서의 용례use of the name in English 228-229, 286; 일요일의 안식일 대체substituted by Sunday 127, 171, 186, 187, 196-197, 205-206, 214, 221, 229-230, 245-247, 251-252
안식일엄수주의Sabbatarianism 202-206, 209-212, 226-244, 286; 제칠일(안식일엄수주의)seventh day 209-210, 245-252, 286
안식일학교Sabbath School 262
안테미우스Anthemius 165
알라릭 2세Alaric II 139
알쿠인Alcuin 294
암브로시우스Ambrose 125-128
양형론兩形論Utraquism 162
에비온파Ebionites 92, 117
에우세비오스, 카이사레아의 Eusebius of Caesarea 60-61, 91-92, 114, 117, 294
에크, 요한Eck, John 246
엘리자베스Elizabeth 227, 232-236
엘비라 교회 회의Elvira, Synod of 105
엘살바도르 교중미사Misa popular salvadoreña 276
여덟째 날eighth day 65-69
연극theater 174
연방 대법원Supreme Court of the

United States 266
영적 임재설virtualism 300
영지주의자들gnostics 64
예배worship 77-81, 99-108
예배지침서Directory for worship 239-240
예복vestment 106
예전 갱신liturgical renewal 268-272
예표론typology 123-130, 181-182
오로시우스, 파울루스Orosius, Paulus 136-138
오순절Pentecost 163
오순절교회Pentecostalism 284
옥스퍼드운동Oxford Movement 269
요일 이름days, names of 17-18, 28-30, 38-44
요한 23세John XXIII 272
요한계시록Revelation of John 31, 143
요한, 다마스쿠스의John of Damascus 181
우르바노 4세Urban IV 158
웨스트민스터 신앙고백Westminster Confession 241-243
웨슬리, 존Wesley, John 256-257
위트기프트, 존Whitgift, John 234
윌버포스, 윌리엄Wilberforce, William 257

유대교, 비판과 공격Judaism, criticism and attacks 53-55, 61-62, 70-71, 82, 119, 129, 181-182, 195, 205, 213-214
유대력Jewish calendar 18-23
유대주의자들Judaizers 32
유스티누스, 순교자Justin Martyr 36, 37, 53, 63, 66, 120, 143, 153
유스티니아누스 법전Justinian, Code of 166
유월절Passover 19, 48, 59, 62,
유월절 만찬seder meal 48
율리우스 카이사르Julius Caesar 17
율법law: 의식법과 도덕법ceremonial and moral 183; 제3의 용도third use of 208, 237, 267
음악music 199, 208, 260, 266, 274-275, 278
이교, 단어 뜻paganism, meaning of the word 104
이그나티오스, 안디옥의Ignatius of Antioch 32, 52, 120, 143
이레나이우스Irenaeus 121, 153, 292
이시도루스, 세비야의Isidore of Seville 42-44, 173
인노켄티우스 3세Innocent III 155-156
인쇄기printing press 192, 201

일요일의 세속화Sunday,
    secularization of 265-268
일요일 준수법Sunday Observation Act
    257
일주일의 기원week, origin of 15-17

ㅈ

자국어vernacular 196-200, 273-
    274
장로교presbyterianism 232-236,
    253, 281
재세례파Anabaptism 208-212, 226
전례에 관한 회칙*Mediator Dei* 271
전례헌장Constitution on the Sacred
    Liturgy 273-275
제네바Geneva 213, 216, 227
종말론eschatology 30-31, 65-69,
    278
주교제도 지지자들prelatists 244,
    246-247
주의 날에 대한 편지*Letter on the
    Lord's Day* 176-180
주의 날의 여러 이름Lord's Day, as
    names 30-34, 49, 96

ㅊ

찰스 1세Charles I 228
창조creation 65

청교도운동Puritanism 99, 217, 227-
    243
첼레스티노Celestine 106
초교파ecumenism 279-281
초막절Booth, Feast of 19
츠빙글리, 울리히Zwingli, Ulich 206-
    207, 209, 226, 233

ㅋ

카르타고 교회 회의Carthage, Synod
    of 111
칼뱅, 장Calvin, John 213-218, 226,
    233, 300
칼뱅주의Calvinism 227
칼슈타트, 안드레아스 보덴슈타인
    폰Karlstadt, Andreas Bodenstein
    von 202-204, 226
켐블 선장Kemble, Captain 263
콘스탄츠 공의회Constance, Council
    of 162
콘스탄티누스Constantine 18, 26,
    35, 38, 61, 68, 89, 90-95, 109-
    110, 113, 131, 210, 212, 246,
    251
콘스탄티우스 클로루스Constantius
    Chlorus 35
콜리나이우스Colinaeus 213
크랜머, 토마스Cranmer Thomas

218-219
크리소스토무스Chrysostom 125-127
클레멘트, 알렉산드리아의Clement of Alexandria 67
키릴로스, 예루살렘의Cyril of Jerusalem 157
키프리아누스Cyprian 34, 67, 143
킬데리크Childeric 167

ㅌ

태양 숭배Worship of the Sun 35-36
태양의 날Day of the Sun 49, 90, 95-96, 111, 113
테르툴리아누스Tertullian 33, 37, 67, 71, 74-76, 80, 106
테오도시우스Theodosius 96, 114, 115
테오도시우스 2세Theodosius II 96, 113
트란실바니아Transylvania 212
트래스크, 존Traske, John 247-248
트레부르 교회 회의Trebur, Synod of 159
트리엔트 공의회Trent, Council of 195-197

ㅍ

파브리 크리스토페Fabri, Christophe 213
파울 부제Paul the Deacon 152
팔리움pallium 106
페일리, 윌리엄Paley, William 257
펙캄, 존Peckham, John 161
포르투갈어Portuguese 39, 42
풀러, 토마스Fuller, Thomas 235
프리머스, 존Primus, John 235-236
피렌체 공의회Florence, Council of 195
피셔, 안드레아스Fischer, Andreas 212, 247
피터 롬바드Peter Lombard 156
필로, 알렉산드리아의Philo of Alexandria 50

ㅎ

하나님을 경외하는 사람들godfearers 45-46
하이모, 할버슈타트의Haymo of Halberstadt 148-149
학습catechumenate 80, 88, 105, 138, 140
헝가리Hungary 169
헨리 8세Henry VIII 230, 231
현대 그리스어Greek, modern 38, 42

호노리우스Honorius 96, 111, 113
화체설transubstantiation 148
회당synagogue 23, 45-47, 79
후스, 얀Jan, Hus 162
후퍼, 존Hooper, John 231
휘프마이어, 발타자르Hübmaier, Balthasar 211
히폴리투스Hippolytus 72-74, 76-77, 80, 100, 269-270, 279
힐데폰수스, 톨레도의Hildephonsus of Toledo 140

일요일의 역사

후스토 L. 곤잘레스 지음
이여진 옮김

2019년 11월 21일 초판 1쇄 발행
2024년 12월 12일 초판 2쇄 발행

펴낸이 김도완
등록번호 제2021-000048호
　　　　　(2017년 2월 1일)
전화 02-929-1732
전자우편 viator@homoviator.co.kr

편집 김명희
제작 제이오
제본 다온바인텍

ISBN 979-11-88255-50-4 03230

펴낸곳 비아토르
주소 서울시 종로구 삼일대로 428, 500-26호
　　　　(우편번호 03140)
팩스 02-928-4229

디자인 임현주
인쇄 (주)민언프린텍

저작권자 ⓒ 후스토 L. 곤잘레스, 2019

이 도서의 국립중앙도서관 출판예정도서목록(CIP)은 서지정보유통지원시스템 홈페이지(http://seoji.nl.go.kr)와 국가자료종합목록시스템(http://www.nl.go.kr/kolisnet)에서 이용하실 수 있습니다.(CIP제어번호 : CIP2019044596)